京都政策研究センターブックレット No. 5

「みんな」でつくる地域の未来

編著

京都府立大学 京都政策研究センター
KYOTO POLICY INSTITUTE

公人の友社

目次

「みんな」でつくる地域の未来

はじめに　川勝　健志（京都府立大学公共政策学部准教授）……4

第１章　若者によるビジョンづくりから奇跡の復活を遂げた街
チャタヌーガ
青山　公三（京都政策研究センターセンター長）……8

第２章　地域の未来は「みんな」で描く
―高知県佐川町を事例として―
杉岡　秀紀（福知山公立大学地域経営学部准教授／京都政策研究センター特任准教授）……20

第3章　地域のことは地域で治める
―島根県雲南市の地域自主組織の挑戦―
鈴木　暁子（京都政策研究センター上席研究員）……33

第4章　暮らしを支える地域協働システムを
―三和地域協議会がめざすもの―
岡部　成幸（三和地域協議会 事務局長）……53

第5章　住民の自治と協働のまちづくりの検証
―京都府京丹後市を事例に―
勝山　享（京都府立大学公共政策学部准教授）……69

おわりに　小沢　修司（京都府立大学副学長・公共政策学部教授）……87

《資料》京都政策研究センター概要……91

はじめに

川勝　健志（京都府立大学公共政策学部准教授）

地域の未来をつくるのは誰か。この自明とも言えそうな問いについて、本書であらためて問い直そうとするのは、いま全国各地で地域のサステイナビリティが危ぶまれているからに他ならない。グルーバル化に伴う産業の空洞化や金融及び政府・民間資本の不安定性に起因する地域の経済的レジリアンスが低下している中で、都市部では保育所の過少供給、介護・育児による就労機会の喪失、子どもの貧困などの社会的リスクが高まっている。人口減少・少子高齢化の波を先取りしている中山間地域では、自然環境が生み出す生態系サービスを支えてきた農業や林業の担い手不足によって、その多面的機能（防災機能、水源涵養機能、生物多様性機能など）とともに、農山村のコミュニティ機能が各地で急速に失われつつある。

しかし、このように私たちの生活基盤を動揺させる今日の危機に対して、いま全国各地で住民が自律的に地域のサステイナビリティを確保しようとする新たな住民自治の動きが活発化しつつある。そうした動きに共通して見られるのが、できる限り多くの住民や利害関係者を巻き込んで、ともに地域の未来をつくっていこうとする取り組みである。それらは仕組みを整えず、少額の助成制度を設けただけで「ＮＰＯなどとの協働」を標榜している名ばかりの取り組みとはまったく異なる。

本書の目的は、国内外で注目すべき事例を取り上げて、そうした新たな住民自治の動向を紹介し、そこから得られる教訓を学ぶことである。

第1章で取り上げる米国テネシー州のチャタヌーガ市は、80年代初頭までゴーストタウンと化していたまちを再生しようと立ち上がった若者達の活躍によって、見事に甦らせた奇跡の事例である。日本と米国とでは地域社会の構造や文化、制度の枠組みに違いはあるものの、地域の課題に住民と行政が協働して取り組むプロセスから私たちが学ぶべき示唆は小さくない。

第2章で取り上げる高知県佐川町は、総合計画というキャンバスにまちの将来ビジョンを「みんな」で描くことに成功した注目すべき事例である。総合計画づくりといえば一般に、担当課の職員と一部の住民や専門家が審議会委員として参加するにとどまることが少なくないが、同町が前例のない数のしかも幅広い層の住民と、担当課以外の職員をも巻き込むために行った様々な試みは、極めて示唆に富む。

第3章で取り上げる島根県雲南市では、合併を機に自治会だけでなく、集落営農組織や消防団、ＰＴＡや女性グループなど地域の多様な組織が集まり、各地域で地域自主組織が生まれている。この地域自主組織が運営する交流センター等を拠点に、多様な地域づくりの技能や知識を相互に学び合い実践することによって、かつては行政に要望の声をあげていた住民が自らの力で地域の問題を解決へ導く存在へと変貌した驚くべき事例である。

第4章で取り上げる京都府福知山市の三和地域協議会は、一般に小学校区単位で組織される傾向にある地域自治組織を中学校区単位で活動している。三和町の地域が抱える政策課題に応えるために、旧三和町時代に進めてきたまちづくりの歴史とつながりを活かして行政の下請け機関としてではなく、住民が主体的に取り組んでいる好例である。

第5章で取り上げる久美浜町の活性化協議会は、京都府京丹後市で先行して地域づくりに取り組む地域運営組織である。旧久美浜町には戦後の公民館活動が住民自治を涵養する学習や自治活動と密接に結びつき発展してきた歴史があり、それらを活かした活性化協議会の地域づくりは京丹後市内の他の地域を牽引するモデルケースとしても期待されている。

以上のように、本書で紹介する事例の多くは、これまで受益者として行政に委ねてきた住民に意識改革を迫り、その駆動力となる仕組みとして、住民と自治体との間に地域自治組織をつくることに積極的であるという点に特徴がある。もちろん、地域自治組織をつくらずとも、すでに町内会や自治会などの地縁団体があるとの意見もあろう。しかし、全国的に単身でしかも高齢の世帯が急増している中、「世帯」を単位とする地縁団体のみで地域のサステイナビリティを確保することは現実的でない。世帯を単位とする限り、地縁団体が担い手不足に陥り、遅かれ早かれ活動停止を余儀なくされるからである。世帯主に限らない地域の構成員を組織化する地域自治組織の意義はまさにその点にあるといえよう。

そもそも民主主義の原点は、近隣の身近な経験から出発して直接対面で話し合いのできる最小単位のコミュニティのなかに据えられなければならない。その際に行政に求められるのは、地域づくりの担い手としての住民や地域自治組織の力量を高める役割を担い、相互に信頼し合える良きパートナーとして対等な関係を構築していくことである。

第1章

若者によるビジョンづくりから奇跡の復活を遂げた街
チャタヌーガ

青山　公三（京都政策研究センターセンター長）

はじめに

チャタヌーガ（Chattanooga）市は米国南部テネシー州の南東部に位置し、ほぼジョージア州に隣接している。ジョージア州のアトランタから車で北に約２時間の距離（約１９０㎞）にある。２０１５年の人口は17・６万人であり、近年は全米から最も注目される都市の一つとなっている。チャタヌーガ市は１９６０年代から80年代にかけ、製鉄工場の煤煙、排水等により最悪の環境となり、「Dirtiest City in America（アメリカでもっとも汚れた街）」と呼ばれるに至った。それは80年代初頭まで続き、その間には、若者達は市外に転出し、ダウンタウンはさびれ、人口も雇用も他のすべてのことが下降線を辿る事態となっていた。まさにゴーストタウン化に向かっていたのである。

そのため、80年の人口が16・9万人であったが、90年15・2万人と、たった10年で約10％の人口の減少をみた。公害は60年代が最悪であったが、69年に連邦の環境政策法（National Environmental Policy Act：NEPA 1969）が制定され、その前後の州・市の条例制定によって悪化は食い止められた。しかし70年代から80年代初頭にかけて、大きな不況の波が米国各地の製造業を直撃し、製造業は 衰退の一途を辿った。チャタヌーガもその例にもれず、製鉄産業とその関連産業の衰退により、多くの雇用を失うこととなったのである。

このような状況に危機感を抱いたチャタヌーガ市及び市の将来を憂える人々によって、83年に官民協働・市民協働のノンプロフィット団体「チャタヌーガ・ベンチャー」が設立された。そしてチャタヌーガ・ベンチャーは設立直後の84年に、若者を中心とした官民協働のワークショップを実施し、未来を見据えたVision 2000を作り上げた。そこで合意された6つの分野と34のゴールを基軸に85年以後、チャタヌーガの再生戦略が進められた。このプロセスにおいては、チャタヌーガ市民はもとより、コミュニティ団体や経済団体、関連する様々な団体、そして地元テネシー大学の学生達も大きな役割を果たした。詳しくは後述するが、この再生戦略によって市は息を吹き返し、人口を取り戻した。また、様々な都

市整備を進め、景観・環境関連の賞を次々に受賞するとともに、様々な雑誌が実施する住みよい都市ランキングにも上位の常連都市となって、全米からの注目度が一気に高まった。以下では、その官民協働のまちづくりプロセスについて紹介する。

なお、このチャタヌーガには、２０１６年度の京都府市町村振興協会の主催する自治体職員海外研修に京都政策研究センターが企画・実施に協力し、筆者が同行した。

1　チャタヌーガの栄枯盛衰

チャタヌーガの現在の繁栄を語るには、20世紀の初頭まで遡る必要がある。20世紀初頭に当時発明されたばかりのコカ・コーラの製造権をチャタヌーガのビジネスマンであったカーター・ラプトンらが取得し、製造を開始した。その後のコカ・コーラの成長を見る通り、ラプトンは巨大な財を築くこととなる。このラプトンが１９３８年にチャタヌーガの地域福祉を主眼とする地域財団「福祉記念財団:Memorial Welfare Foundation」を設立し、地域への様々な支援を開始した。この福祉記念財団は、コカ・コーラで大成功を収めたラプトンが、地域の発展に寄与するために設立したものであり、この財団のさまざまなサポートなしには、現在のチャタヌーガの繁栄はありえなかったかもしれない。

20世紀前半のチャタヌーガは、南部の綿花を原料とする繊維産業や近傍で産出される良質な鉄鉱石を材料とする製鉄業が隆盛であった。しかし、大恐慌を契機にそれら産業の縮小と、一方で連邦のニューディール政策で設立されたＴＶＡ（Tennessee Valley Authority）による新たな製造業の集積、例えばデュポンなどの化学工業の立地により、60年代までは製造業の街として成長してきた。70年時点の産業別従業員比率は製造業が30・4％を占めていた。しかし、この時期には、大気汚染や水質汚濁などの公害が最悪の状態になり、連邦政府が「全米で最も空気の汚れた街」と宣言するほどの状況であった。昼間でも車のヘッドライトが必要で、コートを着て外を出歩けば、コートが煤で真っ黒になってしまうほどだったと伝えられている。環境問題は先にも述べたように連邦や州が法律を作り、市も60年代末には条例を制定したため、それ以上の環境悪化はかろうじて免れたが、製造業はこの後も衰退に歯止めがかからなかった[1]。

このような状況の中、70年代には、ニューディール政策で誘致された製造業ですら衰退し始め、雇用が減少し、若者たちは州外に出て働くようになり始めた。そして、コミュニティの中でも人種問題が再燃し、学校教育も荒廃し、まさにチャタヌーガがゴーストタウンに向かおうとしていた。

70年から80年にかけ、チャタヌーガは市に隣接する地域の自治体がまだ形成されていない地域を次々に併合し、面積はほぼ2倍となった。人口も併合のおかげで、統計的な市の人口としては70年から80年に5万人程度の人口増となり、16万９０００人に達した。しかし、実際の人口流失は止まらず、特に製造業の従業者数比率は80年には23・7％に低下した。結局この人口減は80年代後半まで続くこととなるが、70年代後半には、この衰退に危機感を持ち、チャタヌーガの再生を強く訴える人々が出てきた。

カーター・ラプトンが設立した福祉記念財団は、息子のジョン・ラプトンが父親の遺産を加え、

77年に「リンドハースト財団：Lyndhurst Foundation」と名前を変え、新たな活動展開をすることになる。ジョン・ラプトンはリック・モンタギュー（Rick Montague）を専務理事に迎え、そこから大きな復興の動きが始まった。この財団の重要な使命は、「地域に大きな変革をもたらすようなプロジェクトの支援」であり、財団自体がプロジェクトを推進するわけではないが、チャタヌーガ再生のためのプロジェクトには支援を惜しまない組織であった。この支援があったからこそチャタヌーガの再生が可能となったともいえよう。

2　チャタヌーガ再生に向けての二つの大きな動き
―テネシー大学の都市デザインプログラムとモカシン・ベンド特別委員会

70年代の終盤に、アメリカ建築家協会のチャタヌーガ支部は、リンドハースト財団に対し、テネシー大学に都市デザインの実践的なプログラムを設置するための支援を申し入れた。それを受け、リンドハースト財団のリック・モンタギューは、テネシー大学に６５０万ドルを提供し、当時イギリスのロンドン郊外でニュータウン開発の指揮を執っていたアメリカ人の都市計画家ストラウド・ワトソン（Stroud Watson）をテネシー大学に招聘した。テネシー大学建築学科は、ワトソン教授を中心に、81年に都市デザイン研究室（The Urban Design Studio：UDS）を設置し、ここがダウンタウンの再生に取り組むこととなった。

82年には都市デザイン研究室は「市のイメージ（Images of the City）」というレポートをまとめた。

このレポートの中には、チャタヌーガのダウンタウンは、過去の繁栄を支えてきたポテンシャルをさらに活用しつつ、役割を高めていくべきであるとし、ダウンタウンの再生に関し、多くの提案を行っている。その一つがミラーパーク、ミラープラザである。ミラーパークはテネシー大学のキャンパスに近いダウンタウンに位置し、77年に一般的な公園として整備された。報告書では、その公園と周辺の再整備が提案された。当時（83年）選出されたばかりの市長ジーン・ロバーツ（Gene Roberts）は、こうした提案の意義を認め、都市デザイン研究室と市が正式な提携を結ぶこととなる。都市デザイン研究室は、その後ダウンタウンの中心部に「ミラーパーク・ディストリクト」を創生する計画を85年に提案した。

これらは最終的には88年にオープンするが、計画のプロセスにおいて、市民の意見を徹底的に取り入れ、素晴らしい市民の憩いの場へと変身した。市民の安らぎ場のみならず、市民や大学のサークルの活動の場、また様々な野外コンサート、野外パフォーマンスなどが実施できる空間となった。後にこの公園は全米の都市デザイン賞を受賞することになる[2]。さらには、このレポートの中で、ダウンタウンの住宅問題、リバーフロントの再開発の必要性、そしてのちに大変重要なプロジェクトとなる淡水水族館の提案なども盛り込まれていた[3]。

もう一つの動きは、82年に発足したモカシン・ベンド特別委員会[4]（Moccasin Bend Task Force）である。モカシン・ベンドはチャタヌーガのダウンタウンを流れるテネシー川対岸の約６００エーカー（約２４０ha）の土地のことで、テネシー川の自然の蛇行によって生まれた考古学的にも重要な土地である。82年に市の計画部局の要請により、リンドハースト財団は、当時全米各地でウォーターフロント開発等に大きな実績を上げていたUrban Land Institute（ULI）にこの土地の評価と活用方策の検討に資金提供を行った。ＵＬＩはモカシン・ベンドのあり方を考える一環として、チャタヌーガのコミュニティの人々を中心とする特別委員会を置くことを提案した。

そしてリンドハースト財団のモンタギュー氏がこの特別委員会の会長に就き、リンドハースト財団、チャタヌーガ市、ハミルトンカウンティはこの特別委員会の検討作業に資金を提供した。モカシン・ベンド特別委員会は、その最終報告書に至るまで、数多くのコミュニティのミーティングに直接関わり、積極的な市民参加のプロセスを導入した。最終的に主要なコミュニティに対する提案においては、「テネシー川のウォーターフロントは、市の再生のあらゆる努力にかかわる重要な財産として位置づけ、活用していくべきである。」と表明した。具体的には、テネシー川に沿った22マイル（約35㎞）のテネシーリバーパークが提案され、その後、後述のチャタヌーガ・ベンチャーによるVision 2000にも位置付けられ、85年に完成した。[5]

3　チャタヌーガ・ベンチャーの設立と市民のパワー結集

テネシー大学の学生達によるミラーパーク、ミラープラザの提案とその後の計画プロセス、水族館の提案とその反響、そしてモカシン・ベンド特別委員会の市民を巻き込んだテネシーリバーパークの提案等々が次々に出されていく直前の81年、市の雰囲気が少しずつ変化しつつあった時、リンドハースト財団は「Chattanooga in Motion（動きつつあるチャタヌーガ）」という一種の市民運動組織に対して資金を提供した。これは、チャタヌーガの市民リーダー達に、他都市で市民を巻き込んで素晴らしい街づくりを行っている例を見せて、チャタヌーガの市民たちをその気にさせようというものであった。

彼らはインディアナポリスを選び、何十人ものコミュニティリーダーたちがダウンタウン再生のためにその視察ツアーに参加した。インディアナポリスは市もＴＩＦ（Tax Increment Financing）[6]などの開発手法を活用し、都心の再生に成功したとともに、そのプロセスにおいては、広域インディアナポリス発展委員会（The Greater Indianapolis Progress Committee：GIPC）の役割が重要な役割をはたしていた。ＧＩＰＣは65年に設立された団体で、地域のコミュニティの問題を官民連携で解決していくとともに、地域の将来ビジョンを検討する役割も持っていた。

このＧＩＰＣに触発され、チャタヌーガでは83年にノンプロフィット団体「チャタヌーガ・ベンチャー」が地域のコミュニティリーダー達によって設立された。目的は市民の圧倒的な参加による市の将来の枠組みを検討し、チャタヌーガが再生への変化を見出す触媒として作用することであった。また、コミュニティからのアイデアを結集することで、様々な問題解決の普遍的なプロセスにしていくことを基本とした。そしてチャタヌーガ・ベンチャーは設立の翌年の84年に、市の将来ビジョン「Vision 2000」の策定に向けてのワークショップをスタートさせた。

4　チャタヌーガ・ベンチャーが主導する若者を巻き込んだVision 2000に向けてのワークショップ

Vision 2000を策定するためのワークショップは延べ１７００人の20～30代の若者達の参加も得て実施された。とりわけテネシー大学の都市デザイン研究室の学生たちは、すでにミラーパークなど具体的なプロジェクトの提案に関わっており、さらに淡水水族館などの実現に向けて、積極的に参加してきた。また、モカシン・ベンド特別委員会のテネシーリバーパークを提案していたメンバーも加わり、チャタヌーガ市内における様々な団体による都心再生の動きが、すべてこのチャタヌーガ・ベンチャーに集結した。そしてさらなる市民参加を経てVision 2000という形で統合されることになったのである。

このVision2000策定には約５か月を要したが、衰退都市の若者達に「あなたはチャタヌーガが２０００年にはどんなコミュニティになっていて欲しいか？」と呼びかけ、多くの関心を呼んだ。大きく6つの分野「人」「場所」「遊び」「仕事」「行政」「将来像」につき、各分野において、２０００年までに達成して欲しいことを各白５つずつ紙に書き込んだ。その時の呼びかけは「Think Big!」であった。その書き込まれた内容をもとに、分野別ワークショップ、全体会等を経て34のゴールを設定した。さらにそれに関連し、コミュニティレベル毎のゴールもより広い市民参加を得て決定した。

このVision 2000策定から実現にあたっては、チャタヌーガ・ベンチャーを起点に様々なノンプロフィットの組織が形成し、それらが実際のコミュニティにおけるプロジェクトを推進していった。例えば、大学が地域に対して様々な役割を果たすためのPartners Academic Excellence、提案された水族館を実現するための特別委員会（Tennessee Aquarium Task Force）、住宅問題を扱うチャタヌーガ近隣公社（Chattanooga Neighborhood Enterprise: CNE）、そして河川のウォーターフロント整備を推進するRiverCity Company等々である。他にも多くのゴールに関わる特別委員会や組織などが立ち上がり、実際のプロジェクト実現に大きな役割を果たした。

5　Vision 2000で提案された主なプロジェクト

Vision 2000で提案された34のプロジェクトのうち、以下に主要なもののみ紹介する。

①チャタヌーガ近隣公社（CNE）による住宅環境の整備

チャタヌーガ近隣公社はVision 後１９８６年に設立され、ワークショップで要望された低所得者向住宅や、空き家対策等の近隣居住区の改善を官民協働で推進する役割を担った。

②テネシーリバーパークの整備

１９８９年にはテネシーリバーパークがオープンした。それまで人々はテネシー川に背を向けてきたが、この公園と南北のリバーウォークにより人々とテネシー川を結びつけた。

③新たな政府

１９９０年には、それまで白人中心の議会を、市内各地区からの代表制にし、女性、黒人、ヒスパニック系の議員も選出され、市民参加が積極的に進められるようになった。

④テネシー水族館

１９９２年には当時世界一と言われたテネシー淡水水族館がオープンした。最初の年には１５０万人もの観客が来訪し、アトランタ等からも子供連れ客が多く来たとのことであった。テネシー大学の学生たちが提案して約10年で実現に至った。

⑤ウォーターフロント開発その他

その他、官民協働によるウォーターフロント開発、ダウンタウンの活性化、テネシー川にかかる通行止めになっていた橋を遊歩道化して新規オープン等々、官民総額で10億ドル（約１０００億円）以上の投資が行われ、市民から提案されたプロジェクトを次々に実現していった結果、素晴らしい街に生まれ変わった。94年には、全米で最も住みたい17都市の一つに選ばれ、96年には国連からも表彰された。

若い人々の自分たちの未来を描く作業から、現在のチャタヌーガが再生された。当時携わった人達も既に50～60歳代、今新たに若者達を中心にした新しい Vision づくり（Re-Vision）が始まっている。

おわりに

チャタヌーガの再生はテネシー大学の若い学生達からの提案から始まった。リンドハースト財団という地域の再生に肩入れしてくれる財団があったことも欠かせない。しかし、何よりも市民が危機感を感じ、市民自らが街の再生にアイデアを出し、自分たちのビジョンを構築したことが再生につながったと言っても過言ではない。また、ビジョン後も、それを実行する市民主導の団体がいくつもでき、具体的なプロジェクト推進が行われたからこそ、現在のチャタヌーガがある。

1 David Eichenthal and Tracy Windeknecht「A Restoring Prosperity Case Study Chattanooga , Tennessee」Brookings Institute, September 2008 P.10
https://www.brookings.edu/wp-content/uploads/2016/06/200809_Chattanooga.pdf

2 小門裕幸「市民による都市再生の物語―米国テネシー州チャタヌーガ市」Hosei University Repository P.59-73
http://repo.lib.hosei.ac.jp/bitstream/10114/3227/1/care_ga_1_kokado.pdf

3 David Eichenthal and Tracy Windeknecht 2008 P.13

4 モカシン・ベンド（Moccasin Bend）は、テネシー川がチャタヌーガの市街地を取り巻くように流れており、ダウンタウンの対岸がテネシー川の大きな蛇行によって生まれた考古学的にも価値ある土地で、2003年に国立公園として指定された。http://moccasinbendpark.org/

5 David Eichenthal and Tracy Windeknecht 2008 P.12

6 TIF（Tax Increment Financing）とは、未整備だったり荒廃したりしている都心などの整備に活用される手法である。まず行政側が都心等の一定のエリアを設定し、そのエリア内の基盤整備や環境整備に必要な資金を債券を発行して調達し、基盤整備、環境整備を行う。それらが整えば民間の投資を誘導しやすくなり、民間がその地区内に投資を行う。すると、行政にはその投資に対する資産税分が増収となる。その増収分の何割かを発行した債券の償還分に充てるものである。米国ではインディアナポリスやサンディエゴなどにおけるTIFによる都心整備が有名。

第2章　地域の未来は「みんな」で描く
―高知県佐川町を事例として―

杉岡　秀紀
（福知山公立大学地域経営学部准教授／京都政策研究センター特任准教授）

はじめに

地域の未来を描くための方法あるいは手段として、多くの自治体では「総合計画（以下、総計）」を策定している。しかし、その多くは行政主導で進められることが多く、もっと言えば担当課だけが関わり、自治体全体を巻き込めてないケースもある。当然のことながら、その策定プロセスの中で住民の意見を聴く機会がない訳ではない。しかし、たとえば総計のための審議会については充て職の委員で構成されていることが多い。これでは結果として高齢かつ男性の委員が多くを占めることになる。また、住民の意見を聴取するワークショップについても公開で実施されるものの、いずれも単発で終わることが多い。また、パブリックコメントについてはホームページなどを通じて形式的な意見聴取に終始することが多く、住民参加というよりはむしろ情報公開に留まっている。これまでの時代であれば、こうした方法でも問題なかったのかもしれない。しかし、公共的課題が複雑化、多様化、高度化、専門化不確実化し、行政だけでは公共を担えなくなった今、まさに総計に限らず、あらゆる行政計画は、行政だけで完結するのではなく、行政内外の多様な視点を入れてつくる視点が求められている。

そこで、本稿では、様々な行政計画の中でも総計に焦点を当て、その概要を整理するとともに、住民参加のキーワードとも言える「みんな」を全面的に押し出して総計を策定した高知県佐川町の事例を取り上げ、わが国における地域の未来を「みんな」で描いた最前線に迫ってみたい。

1　計画行政と総合計画

（1）計画行政とは何か

総計と計画行政とは不可分あるいは表裏一体の関係にある。計画行政とは「過去からの蓄積と負債を受け取りつつ、現在の諸制約のなかで望ましい地域の将来に向かって、その行動を企画していく」[1]ことであり、そのルーツは第一次世界大戦中の戦時計画と言われる。その後戦後を迎え、経済復興計画、国土復興計画と継承されていった。わが国で計画の活用が顕著になったのは、1955年以降であり、池田内閣の『国民所得倍増計画』や『全国総合開発計画』などがその代表例である。[2]こうした国の動向と前後して、地方にも地域開発ブームが起こり、自治体も多くの計画を作り始めた。その最上位に位置づけられるのが総計である。言うまでもなく、地域課題や自治体政策が多様化すればするほど、前例を踏襲し職員の個人的な経験や勘に頼って行うといった行政運営では地域や住民のニーズに応えられなくなる。したがって、自治体はできる限り行政課題を客観的に把握し、行政として責任をもって取組むべき施策を体系化し、達成すべき目標とその手段、手順を明確にしていく必要がある。こうした背景から総計は誕生した。

（２）総合計画とは何か

現在に通じる総計の骨格は、西尾勝によれば、戦後の「新町村建設計画」に見ることができる。なお、この計画は１９５６年には「新市町村建設促進法」に基づく「新市町村建設計画」へと継承された。ただし、これらの計画はいずれも市町村合併に伴う施設の統合や整備のための計画である色が濃く、その意味では現行の総計のような総合性はまだなかった。その後、各都道府県が総合的な計画行政の性格を持った県勢振興計画を策定し始め、市町村でもミニ版の振興計画を策定し始めるようになった。むしろこのミニ振興計画こそが現在の総計のルーツと解釈した方が自然であろう。

ところで「総合計画」という名称はどこから生まれたのだろうか。実は後述する地方自治法にも「総合計画」という用語は出て来ない。この根拠は１９６６年に自治省（現総務省）から委託調査を受けた財団法人国土協会の「市町村計画策定方法研究会」の研究報告による。さらに総計の多くは、まちづくりの基本姿勢や将来像、基本姿勢について明記した「基本構想」、基本構想（将来像）の実現をめざし、各分野別に取り組んでいく施策を明記した「基本計画」、基本計画の施策に基づいて、事業内容や実施時期を明らかにし、行財政運営の指針を明記した「実施計画」の三層構造になっている。基本構想については10年程度、基本計画については5年程度、実施計画については3年程度など、期間を分けて策定するのが一般的である。しかし、実はこれも法的根拠がある訳ではなく、この研究報告により広がったとされる。

（3）総合計画と地方自治法

かくして総計は１９６０年代から全国の自治体における標準装備となっていた。その根拠となったのが、１９６９年の地方自治法の改正である。この改正により、第2条第4項に「市町村は、その事務を処理するに当たっては、議会の議決を経てその地域における総合的かつ計画的な行政の運営を図るための基本構想を定め、これに即して行なうようにしなければならない」（傍点、筆者）と定められた。[3] 前述のとおり、ここには「総合計画」という言葉は出て来ない。さらに言えば、議会の承認が必要なのは、基本構想のみで基本計画、実施計画は対象外である。都道府県については策定義務すらない。ただし、この条文は分権以降の２０１１年の法改正により削除され、現在は義務でなくなっている。[4] 他方で本稿では詳述しないが、２０００年の分権以降、ニセコ町を皮切りにまちの憲法とも言える「まちづくり基本条例」「住民参加条例」「自治基本条例」等の自治の秩序や仕組みを定めた、いわゆる自治基本条例を総計のさらに上位に位置づける動きが全国的に広がっていった。

（４）総合計画の類型（タイプ）と住民参加

全国に広がった総計にはどのような類型（タイプ）があるのであろうか。（公財）日本生産性本部によれば、それは表１のように大別できる。当然のことながらタイプ１が法に基づいた最低限の整備であり、タイプ２、タイプ３、タイプ４、タイプ５と地域の実情、自治体の実情も踏まえながら進化させていくことが重要である。さらに重要なことは、「何のために総計を策定するのか」「どのように総計を使うのか」、そして、「総計にどのような情報を含めるのか」を策定前にしっかりとビジョンを共有し、検討することである。

そして、自治体政策が一人ひとりの生活に及ぶことを鑑みれば当然であるが、形式的、形骸化した計画にしないためにも、近年は多様で重層的な住民参加の機会づくりが重視されつつある。審議会の委員、住民ワークショップ、パブリックコメント、住民ヒアリングなどの手法が一般的であるが、近年は無作為抽出による討議型デモクラシーを導入する自治体も増えている[5]。

表１　総合計画の類型（タイプ）

	タイプ１	タイプ２	タイプ３	タイプ４	タイプ５
類型の名称	総花型	個別計画型	戦略計画型	地域計画型	地域経営型
策定目的	策定義務	特定の目的	情報体系（行政）	情報体系（各主体）	情報体系（行政×各主体）
運用目的	使わない	実行	マネジメント	共有	共有×マネジメント
情報の範囲	総花的	特定の分野	行政	地域	地域×行政

（出所）（公財）日本生産性本部「地方自治体における総合計画ガイドライン」（2011）より筆者加筆修正

（5）総合計画と総合戦略

これまで確認したように、1969年の地方自治法改正から約40年間、いわば総計が計画行政の土台であり、自治体政策の最上位に位置づけられてきた。しかし、その策定義務そのものは現在なくなっている。冒頭で述べたように、地域課題の変化の速度が早く、総計だけでは、こうした地域や社会の変化に対応しきれなくなってきている。そもそも総計については「多くの行政活動をその特定の側面から総合的に補捉しようとしているにすぎないのであって、それらは決して全行政活動の全側面を網羅的に補捉しているものではない」[6]との指摘がなされている。他方で、「総計を策定する意義と必要性は、むしろ高まってきている」[7]との指摘もある。すなわち総計一つをとっても様々な見方が表出し、方向性が定まっている訳ではない。

そうした中、昨今、地方創生の流れの中で国主導により、基礎自治体も「まち・ひと・しごと創生総合戦略」を策定することになった。表面上は努力義務とされているが、交付金とセットにされたことで実質的に市町村は好むと好まざるに関わらず策定せざるを得ず、結果としては義務化に近い結果となった[8]。すなわち、総計の策定有無、あるいは地方創生の総合戦略の策定をめぐって、地方自治そのものが今転換期にある。しかし、より自立的かつ自律的な、それでいて柔軟性と機敏性を持った未来志向の地方自治、地域自治が求められている点では不変である。いずれにしても、いかに住民を巻き込んで、すなわち、地域の未来を「みんな」で描けるかが今後ますます問われることとなる。

２　高知県佐川町の「みんなでつくる総合計画」

佐川町は高知県の中西部にある人口１万３２３５人（2016年12月１日現在）、面積１００・80 km²のまちである。高知駅からは特急で30分（約35 km）の距離であり、公共交通に恵まれたまちである。かつては土佐藩筆頭家老の深尾氏の城下町として栄え、名酒「司牡丹」に代表される酒蔵や商家を中心とした歴史情緒溢れる町並みが残っている。また、明治時代に活躍した田中光顕や植物学の父とも言われる牧野富太郎を輩出したことから「文教のまち」とも知られ、まちなかには日本さくら１００選にも選ばれた牧野公園がある。

佐川町では２０１６年４月から第５次総合計画（以下、５次総計）が動き始めた。そして、この５次総計を策定するに当たり、２０１４~２０１５年の2年間、徹底した住民参加の工夫がなされた。結論から言えば、その要諦は以下３点に集約される。1点目は首長のリーダーシップであり、堀見和道町長の就任と総計の関係はまさに不可分の関係にある。というのも、堀見町政が２０１３年10月に誕生した際の公約が「みんなで創造（つく）ろうチーム佐川」であり、その基本政策[9]の１つに「新しい総合計画をみんなで策定する」という柱が置かれたからである。堀見町長はこの公約で見事に町長就任を果たし、着任するとすぐに「みんなでつくる」をコンセプトに５次総計の策定作業を始めた。町長へのヒアリング[10]によれば、この背景には「第4次総計のことを町民の誰も知らない」という問題意識が町長就任前からあったという。また、計画を策定するにあたり、外部の視点を入れるという強い思いもあり、町長自らがissue＋design（以下、i＋d）というコミュニティデザインを支援する団体に交渉し、外部視点からの伴走も実現した。[11] こうした地域外との架け橋もひとえに首長のリーダーシップと言えよう。

2点目はタイトルにもあるように総計をとにかく「みんな」でつくったことである。この際の「みんな」は三層に分けられる。まず一層目は、町長指名により、企画や財政部署の経験者など全庁から選りすぐりで集まった「チーム佐川推進課」職員のことである。職員自体は数名だが、見事に5次総計策定における司令塔の役割を果たした。二層目は町長による全職員（120名）面談を受け、課の枠を越えて、総計の策定に深く関わることになった職員コアメンバー（26名）のことである。なお、このコアメンバーの多くは、外部のファシリテーター研修を受講しファシリテーションスキルを体得し、住民ワークショップではファシリテーター役を務めた。[12] また、コアメンバーの5次総計への協力については、町長より直々に各課の課長に最優先業務として実施するよう指示も出されていたという。三層目は言うまでもなく、町民である。「しあわせ会議」と名付けられた総計のキックオフの会議には、町民193名が参加した。そして、その後は、①分野別（6分野）、②次世代（中高生5箇所）、③地区別（5地区）と16回の住民ワークショップが開催され、延べ353名の参加者を数えた。またワークショップとは別に住民ヒアリングも実施され、コアメンバーの推薦により、41組の声が計画に反映された。この時の参加メンバーについては、総計の別冊にお名前一人ひとりが掲載されている。進め方のフローは次のとおりである。特に（3）から（6）の部分が住民参加の部分に該当する。

（1）昔と今を知る
（2）変化を読む
（3）想いを集める
（4）未来を語り合う
（5）未来を描く
（6）できることからはじめる

3点目は総計の策定プロセスを「見える化」したことである。まず住民ワークショップなどの結果や進捗については、町の広報誌とは別に「佐川ミライ新聞」が作成され、全戸配付された。その際にはプロのカメラマンやi＋dなどの外部の専門家の力も借り、デザインの視点も組込まれた。圧巻は最終成果物である。総計は通常いわゆる分厚い冊子が作られる。分厚いことに加え、専門用語も多く、住民の殆どは言うに及ばず、自治体職員でも全員が読んでいる訳でない。その解決策としてはせいぜい概要版を作成する程度となる。ただし、その概要版も結局は本編の要約だけに留まっていることが多い。佐川町ではそこに問題意識を持ち、行政施策の指針としての計画書だけでなく、住民から出た457のアイディアを25の未来・まちの姿として打ち出すとともに、町民一人ひとりが主体的に明るい未来へ向けたアクションを起こし、まちづくりに関わるための方法を示した別冊を書籍化し、全戸配付をした（**図1**）。[13] ここに総計を「みんな」で策定するという本気度を伺うことができよう。そして、こうして書籍化することで、佐川町内のみならず、広く全国でこうした新しい総計づくりのアプローチを受発信出来るようになった。

　ここまでが佐川町の総計づくりの特徴である。とはいえ気になった点がない訳でない。たとえば総計の時間軸についてである。佐川町の第５次総計は向こう10年の計画となっている。この期間設定そのものは他市町の総計や市長任期などを鑑みれば妥当な判断と言えよう。実際に堀見町長は「自治体経営での視点では10年が最適。１年ごとにＰＤＣＡを回し、必要なことは改善を図る」と述べている。ただし、たとえば地方創生総合戦略における人口ビジョンは２０４０年の人口を想定しているし、西條辰義によれば、近年はフューチャーデザインという手法を導入し、岩手県矢巾町のように将来仮想世代を想定して戦略策定を策定する自治体も登場してきている。すなわちこれからの自治体は総計と総合戦略とに整合性を持たせ、より未来志向で計画を策定していく時代になると推察される。その意味において、この10年という計画期間はやや短かったのではないだろうか。たとえば町長任期とも合わせ、８年、12年という計画も検討できたのではないだろうか。

　以上、地域の未来を「みんな」で描くための新しい胎動を紹介してきた。もちろん佐川のモデルがどの市町村にも通じる普遍モデルとなる訳ではないが、表面的、義務的な住民参加ではなく、

図１『みんなでつくる総合計画』表紙

（出所）地域みらい大学（2016）

実質的、主体的な住民自治、ひいては自立的、自律的な地域経営を目指す、という意味においては、本事例から示唆されることは多いだろう。

おわりに

筆者は、現在京都府与謝野町にて「みんなでつくる」「みらい志向でつくる」「みえるまちをつくる」をコンセプトに、具体的には「長期的な時間軸の設定」と「徹底した住民参加」「徹底的な職員参加」を組み込んだ総計づくりの伴走をしている。この展開を検討する際にも佐川町のモデルが多いに参考になった。そして、ここにおいても首長の強いリーダーシップと確たるビジョンという共通点があることを付記しておきたい。

ここで1点残された論点を記しておきたい。それは近年２００以上の地域で進む地域内分権の動き、具体的には島根県雲南市や兵庫県朝来市等で進む地域運営組織や地域自主組織、あるいは小規模多機能自治との関係性である。すなわち「地域のことは地域で治める」ということが本当に徹底されたら、逆説的ではるが、それでは総計では何を書き、あるいは何を書かないのか、ということが問われてくるということである。この点は、今川晃が問題意識を投げ掛ける「住民自治が団体自治に先行してあるべきではないか」という地方自治の原点にも関わる重要なテーマであり、また別の機会に論を深めたい。

いずれにせよ、地域の未来を描く主役、主人公はあくまで住民（みんな）であり、その恩恵を被るのは現在、そして未来の住民（みんな）である。首長や行政職員はもとより住民一人ひとりがそのような意識を持って行政計画やまちづくりに関わる時、わが国でも次の段階の地域の未来、地域自治を切り拓けると確信している。繰り返しになるが、キーワードは「みんな」なのである。

1　大森彌『自治体行政学入門』良書普及会、１９８７年、51頁。
2　西尾勝『行政学』有斐閣、１９９３年、２９０―２９１頁。
3　当時の自治行政局長はさらに「市町村の基本構想策定要領」の中で、各自治体に「基本構想は、市町村の将来の振興発展を展望し、これに立脚した長期にわたる市町村の経営の根幹となる構想であり、（略）各分野における行政に関する計画または具体的諸施策がすべてこの構想に基づいて策定され及び実施されるものであること」「基本構想は当該市町村の行政運営を総合的かつ計画的に行うことを目的として策定されるものであること」と通知した。
4　同年、総務大臣から引き続き個々の自治体の判断で、議会の議決を経て基本構想の策定を行うことが可能である旨の通知が出された。この通知に基づき、条例を根拠にして引き続き基本構想を策定する自治体が増えている。
5　総計の先進例としては、岐阜県多治見市、愛知県東海市、岩手県滝沢市、東京都三鷹市、長野県小諸市などが挙げられることが多い。
6　西尾勝『行政学』有斐閣、１９９３年、２９８頁。
7　一條義治『これからの総合計画―人口減少時代での考え方・つくり方―』イマジン出版、２０１３年、69頁。
8　この努力義務という概念自体が、こんにちまでの地方分権の流れや地方自治の本旨を鑑みれば、その理念にやや逆行する流れと言える。
9　①文教のまちをみんなでつくる、②「チーム佐川町役場」を職員みんなでつくる、③「住みたい」まちをみんなでつくる、④町全体の所得向上をみんなで実現する、⑤災害に強い、安心安全なまちをみんなでつくる、⑥新しい総合計画をみんなで策定する、の６項目。すべての項目に「みんな」という言葉が入っている。
10　２０１６年９月23日に佐川町に訪問調査。
11　i＋dは、①グループワークのファシリテーション、②ワークショップ後の議論やアイディアの整理、③ワークシート等のフォーマットデザイン、④全体の進め方の提案の４点の役割を担った。

12　堀見町長就任後は、町職員と同時に町民ファシリテーターの養成も行われている。
13　佐川町が総計策定にかけた予算は、2年間で2500万円であり、書籍の買い取り代もこの中に含まれる。

参考文献

IIHOE『ソシオ・マネジメント』vol.3、2016年。

一條義治『これからの総合計画―人口減少時代での考え方・つくり方―』イマジン出版、2013年。

今川晃『地方自治を問いなおす』法律文化社、2014年。

大森彌『自治体行政学入門』良書普及会、1987年。

(公財) 日本生産性本部「地方自治体における総合計画ガイドライン」、2011年。

木佐茂男監修、今川晃編『自治体の創造と市町村合併』第一法規、2003年。

西條辰義『フューチャーデザイン―7世代先を見据えた社会―』勁草書房、2015年。

佐川町ホームページ (http://www.town.sakawa.lg.jp) (2016年12月27日閲覧)

杉岡秀紀「フューチャーデザインを題材に考えよう」今川晃編『自治体政策への提言』北樹出版、131-144頁、2016年
玉村雅敏『総合計画の新潮流―自治体経営を支えるトータル・システムの構築―』公人の友社、2016年。

地域みらい大学ホームページ (http://socialdesignschool.jp/) (2016年12月27日閲覧)

チームさかわ『みんなでつくる総合計画：高知県佐川町流ソーシャルデザイン』学芸出版社、2016年。

西尾勝『行政学』有斐閣、1993年。

西尾勝『行政学の基礎概念』東京大学出版会、2007年。

堀見和道まちづくり研究所ホームページ (http://www.horimi.net/) (2016年12月27日閲覧)

第3章　地域のことは地域で治める

―島根県雲南市の地域自主組織の挑戦―

鈴木　暁子（京都政策研究センター上席研究員）

はじめに

地域の様々な主体が参加し、地域の将来について協議をし、住民自らが地域課題の解決に向け実行する動きが生まれている。こうした取組を担う主体として注目されているのが本章で紹介する地域自主組織や地域運営組織[1]と呼ばれる地縁に基づく地域経営の仕組みである。

その背景には社会からの地域自主組織に対する様々な期待がある。急激な人口減少により低下している集落機能の補完として、生活の質を高めたいという住民の希望を実現するためのサービス供給主体として、さらには地域の課題を解決するためのソーシャルイノベーションを促す主体としての期待がある。

このように地域自主組織は困難を抱える地域の「処方箋」としての役割を期待されているが、

一方でこうした期待は政策動向によるものも大きく、理念が先行する傾向にある。地域で仕組みを整備したものの、実際には活動の継続性や活動を担う人材不足、住民の主体性の発揮といった課題に直面している自治体も少なくない。

そこで本章では、先駆的事例とされる島根県雲南市（以下、「市」と表記）を取り上げたい。市では町村合併を機に２００５年から２００７年にかけて全市で地域自主組織が設立されたが、市における先駆性とは何であろうか。この問いに対する応えを、以下の流れで考えてみたい。

第1節では市における地域自主組織の概要を述べ、第2節では地域自主組織設立の経緯と行政による支援策について概観する。第３節では数ある地域自主組織のうち、３つの地域自主組織の事業を紹介したうえで、多様性をキーワードに考察を試みる。

1　島根県雲南市の取組

(1)　雲南市の概要

島根県東部に位置する市は、２００４年、島根県大東町、加茂町、木次町（以上、大原郡）、三刀屋町、吉田村、掛合町（以上、飯石郡）の6町村が合併してできた自治体である（**図1**）。市は島根県西部の中核都市である出雲市の南東部に位置し、ヤマタノオロチ伝説で知られる斐伊川が流れ、全国最多の銅鐸が出土した加茂高倉遺跡や、古代より鉄の生産地として名高いたたら製鉄の遺構も現存し、神話と歴史が根付く地域である。また、山陰と山陽を結ぶ交通の要所としても栄えた地域で、現在は、中国縦貫道、松江道が全面開通し、出雲市より車で約30分、広島市から車で約130分、尾道市から車で約120分という距離にある。面積は553・2平方Km^2（東京23区の約9割）、人口は3万9032人（2015年国勢調査）で、国立社会保障・人口問題研究所の予測によると2030年には3万2000人に減少する。市の高齢化率（36・5％、2015年）は20年後の日本の高齢化率の予測（31・6％）とほぼ同水準で、全域が過疎指定されている中山間地域である。

図1　雲南市の位置

（2）地域自主組織の概要

次に、地域自主組織の概要を述べる。まずその定義であるが、総務省や内閣府等による地域自主組織の定義を参照し、共通項目を挙げるとすれば、（Ⅰ）概ね小学校区を単位（Ⅱ）活動の補完性（Ⅲ）課題解決の志向性（Ⅳ）住民の自主性（Ⅴ）従来の自治・相互扶助活動から一歩踏み出した活動や多機能性の5点が挙げられよう。

続いて、市における地域自主組織を概観する。市における地域自主組織の数は設立当時は44組織であったが、その後の組織の統合を経て、[2] 市全域で30組織となっている（2016年10月31日現在）。活動拠点は、公民館や小学校を改編した交流センターであり、その数は30センターである。一覧は**図2**及び**表1**の通りである。各組織の人口規模は200名弱から6000名程度、世帯は

60から1900世帯、面積は0・85〜73 km²と、多様である。

図3は地域自主組織の概念図である。地縁でつながる様々な人、組織、機関が連携し、相乗効果を発揮して自治会だけでは解決が困難なことに取り組む組織として位置付けられている。自治会等、既存の団体との関係については、地域自主組織の設立以降も既存団体は継続しているものの、徐々に、既存団体の位置付けを整理しながら、地域での決定（自治組織）と執行（事業組織）を地域自主組織に一体化する運営形態に移行している。

2　地域自主組織設立の経緯と行政による支援策

（1）地域自主組織設立の経緯

市における新しい自治の組織の構想は、合併前の6町村合併協議会での議論に遡る。合併協議

図２　地域自主組織一覧（地図）

出所：雲南市地域振興課

表１　地域自主組織一覧

H27.10.31 現在

町	No.	地域自主組織名	拠点施設名	人口	世帯	高齢化率％	面積 km^2
大東町	1	大東地区自治振興協議会	大東交流センター	3,736	1,257	32.44	14.68
	2	春殖地区振興協議会	春殖交流センター	2,245	695	33.32	12.01
	3	幡屋地区振興会	幡屋交流センター	1,585	465	34.07	13.61
	4	佐世地区振興協議会	佐世交流センター	1,685	498	36.08	14.72
	5	阿用地区振興協議会	阿用交流センター	1,229	395	33.69	11.68
	6	久野地区振興会	久野交流センター	608	210	41.94	28.41
	7	海潮地区振興会	海潮交流センター	1,714	537	39.91	38.36
	8	塩田地区振興会	塩田交流センター	153	64	50.33	18.76
加茂町	9	加茂まちづくり協議会	加茂交流センター	6,048	1,900	32.28	30.91
木次町	10	八日市地域づくりの会	八日市交流センター	932	401	39.27	1.09
	11	三新塔あきば協議会	三新塔交流センター	1,053	381	40.46	1.20
	12	新市いきいき会	新市交流センター	558	183	38.71	0.85
	13	下熊谷ふれあい会	下熊谷交流センター	1,060	401	26.42	2.57
	14	斐伊地域づくり協議会	斐伊交流センター	2,146	694	25.63	5.48
	15	地域自主組織　日登の郷	日登交流センター	1,582	486	36.54	20.77
	16	西日登振興会	西日登交流センター	1,133	339	38.22	13.15
	17	温泉地区地域自主組織　ダム湖の郷	温泉交流センター	493	173	47.06	18.96
三刀屋町	18	三刀屋地区まちづくり協議会	三刀屋交流センター	2,575	957	28.78	4.95
	19	一宮自主連合会	一宮交流センター	1,971	622	33.28	16.91
	20	雲見の里いいし	飯石交流センター	786	261	39.82	13.48
	21	躍動と安らぎの里づくり鍋山	鍋山交流センター	1,427	451	37.49	23.84
	22	中野の里づくり委員会	中野交流センター	548	208	43.25	23.50
吉田町	23	吉田地区振興協議会	吉田交流センター	1,042	389	43.57	58.05
	24	民谷地区振興協議会	民谷交流センター	170	54	44.12	15.00
	25	田井地区振興協議会	田井交流センター	621	211	39.61	40.93
掛合町	26	掛合自治振興会	掛合交流センター	1,497	544	34.34	20.61
	27	多根の郷	多根交流センター	488	160	41.60	12.70
	28	松笠振興協議会	松笠交流センター	352	110	40.06	18.82
	29	波多コミュニティ協議会	波多交流センター	338	150	50.00	29.28
	30	入間コミュニティー協議会	入間交流センター	274	118	48.54	28.09
			計	40.049	13.314	34.93	553.37

出所：雲南市地域振興課

図３　地域自主組織の概念図

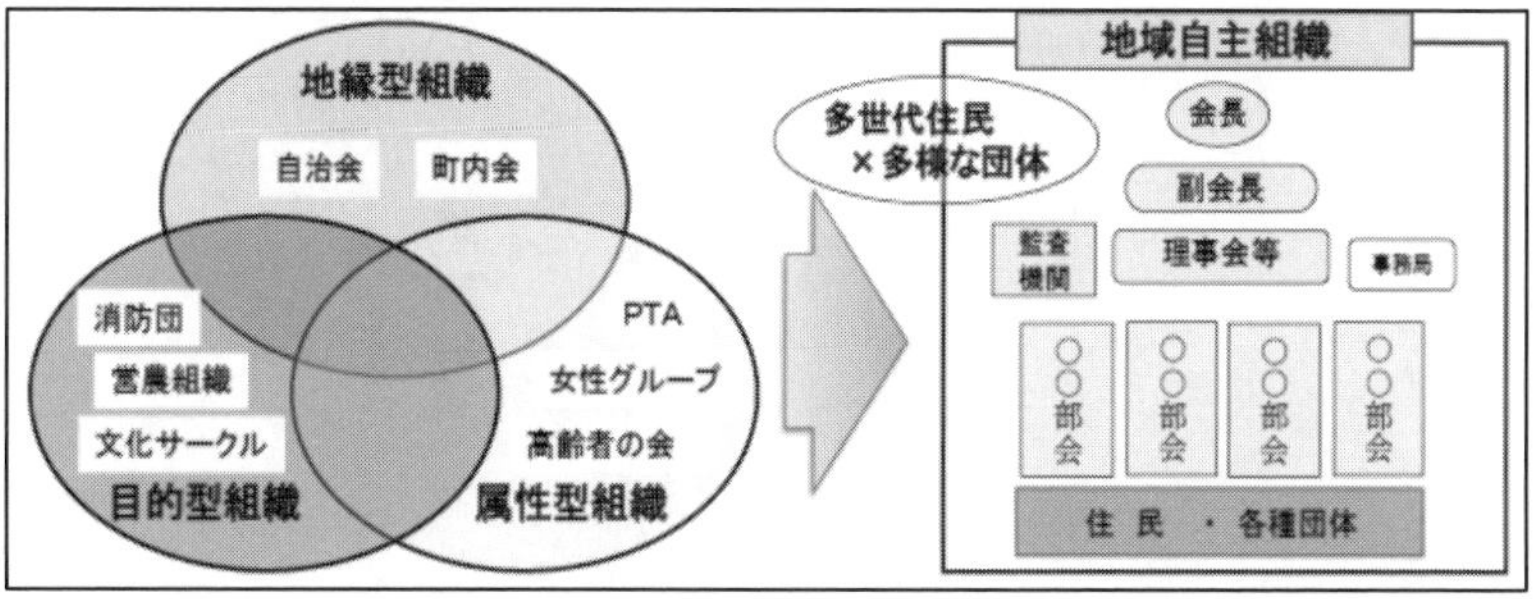

出所：雲南市地域振興課

会では幹事会（助役・総務課長等）、小委員会、プロジェクトチーム、９の専門部会（担当課長級）、32の分科会（担当係長級）が設けられ、６町村の職員が、広域化する新しい市において、サービスを誰がどのように担うのかについて協議を行った。

とりわけ注目するのはプロジェクトチームである。合併による事業の一元化の調整とは異なる位置付けで、「創意工夫・アイデアに富んだ施策の立案、現場感覚を踏まえた具体案の選定の効果を期待」[3]され、メンバーは、役場の職員だけでなくテーマに応じて住民、学識経験者、ＮＰＯ、行政経験者等から成る。そのひとつが「コミュニティ・住民自治」プロジェクトである。同チームは、町村職員９名、アドバイザー（大学教員）２名等によって構成され、２００３年５月から８月にかけて計８回の会議を重ねた。会議では「住民の自主・自発性の発揮こそが地域社会の再構築につながる」とする方向性に基づき、地域自主組織への行政による支援策の方針として、「横並びではなく主体的に取り組む地域に対して支援を行う」こととし、具体的な支援策として、「活動拠点の整備と充実、公共業務の委託」が提言され、現在の地域自主組織の原型が形作られた。

この提言を受け、２００４年の雲南市発足時に新市長（現市長）のもとで策定された「新市建設計画」には、「行財政改革と住民自治の進展」が掲げられ、重点施策のひとつとして「まちづくりやコミュニティ活動の活性化による住民自治の充実強化」が明記された。新市の指針となるこの計画に基づき、「集落機能を補完する新たな自治組織及び地域の主体性に基づく組織」の形成支援が進むことになる。こうして２００５年から２００７年の2年間で、市内全域で地域自主組織が設立されていった。

（2）「まちづくり基本条例」～協働によるまちづくり～

ここで、市の地域自主組織の設立支援施策を支える政策理念を付記しておく。市では、2008年、まちづくりの基本姿勢として市民との協働のまちづくりの必要性を掲げた「雲南市まちづくり基本条例」を定めた。この背景には「まちづくりの原点は、主役である市民が、自らの責任により、主体的に関わること」（前文）という住民自治の考え方がある。さらに、第3条では「新たな公共[4]」という用語を用いて、「協働によるまちづくりの実践によって、新たな公共を創造するための活動にも取り組む」としている。とりわけ「新たな公共」という用語を用いて、公共の範囲の再定義を行っている点は注目に値する[5]。

（3）地域自主組織への支援

さて、地域自主組織の形成過程における市の支援策を見ていくことにしたい。紙面の都合で詳細は割愛するが、市では支援の段階を三つの段階に分けており、第一ステージは「基礎的基盤の整備」、第二ステージは「制度改善による活動基盤の強化」、第三ステージは「新しい公共の創出と持続性」として、各段階に応じた切れ目のない支援を行っている。

市の支援の特徴を挙げるとすれば、次の4点であろう。

1点目は、条例による制度化ではなく組織形成の段階に合わせて制度改善を進めていることである。地域自主組織を設立した自治体の中には、条例によって位置付けている自治体も少なくないが、市はそのような方法を採用しなかった。市では、地域自主組織を横並びではなく、「地域の実情に合わせて、コミュニティの単位設定や組織形態における流動性・多様性を確保すること」「組織の規模や能力、地域ニーズ等に応じてコミュニティが担う事業や活動を自主的に選択できる仕組みを設けること」[6]（棒線部は筆者）と位置付けている。こうした流動性・多様性・選択制を実現するためには、支援を積み重ねながら、実態に合わせて制度を改善していく方法が適しているとの判断であろう。

２点目は、「住民自治の確保による生活の充実」という視点である。**図４**は市が作成した地域自主組織の説明資料（パンフレット）である。住民と行政の協働の推進はともすれば行政機能の補完という視点で捉えがちであるが、市は「住民自治の仕組みづくりを進めていくのは住民であって、行政は住民自治の確保のために支援を行うのであり、住民の自立・自主性の発揮が生活の充実につながる」という姿勢を打ち出している。

３点目は、市のなかでも過疎地域で展開されていた事業の蓄積の活用である。第３節で紹介する波多コミュニティ協議会は１９８２年に設立されている[7]。波多地区がある掛合町では、住民の主体性に基づく地域政策が展開されていた。同地区は、市の中でも少子高齢化の進展が早い地域のひとつである。少子高齢化を先取りした地域づくりを行うために、掛合町の地域政策をモデルに参考にしたと思われる。

４点目は、話し合い、対話を重視する姿勢である。前述した合併協議会での協議も町村の三役だけでなく、課長級、係長級、係員、教育委員会と、さまざまなレベルの職員が議論を積み重ね

図4　地域自主組織の説明資料（パンフレット）

地域自主組織って何!?

～自治会（集落）との違い～

現在、各地域において地域自主組織の設立の取り組みがなされているところですが、そもそも地域自主組織とは何か？何か分かりづらい!!との声があります。この地域自主組織についていっしょに考えてみましょう。

雲南市役所

地域振興課・総合センター自治振興課

今なぜ　地域自主組織なのか？

（1）今、住民が自立するチャンス！

今こそ、住民の力が発揮できるチャンス！自分達の手で快適な生活や収益を得る取り組みを始めましょう。

基本は、**「住民の発想を自らが実践する」**ということ。

行政の肩代わりを押しつけられるのではありません。

<住民ができること（行政にはできないこと）>

①生活者ならではの発想や課題を出し合おう！

②地域の魅力を発見しよう！

③生きがいや充実を感じる活動を始めよう！

「自分の思っていたことが動きになった」という喜びは、きっと自信や誇りにつながるでしょう。

（2）集落（自治会）の役割と限界

地域内の組織には集落（自治会）があります。地域活動の担い手として大きな役割を果たしてきた集落も、現代に合わせて少しずつ方法を変えていくことも必要です。

<集落の性質>

①会合には主に世帯主が出席。・・・「1戸1票制」

→男性の年配者による発想で物事を考える。

②会合の内容を家族に伝えることが少ない。

→女性や若者が考え、意見を言う機会がない。

③代表者は持ち回り（輪番制）。

→新しいことに積極的に取り組むことが難しい。

（3）新たな地域運営母体「地域自主組織」

雲南市では、住民の思いを形にする手段として**「地域自主組織」**を推進しています。これは、様々な住民が楽しく関わることのできるものとして期待が高まっています。市内に全部で44地区あり、そのうち24地区で組織が立ち上がっています。（平成18年3月末 現在）

多様な活動を行うには**担い手が必要**です。そのため、「地域自主組織」は一定量の人口を確保できる公民館区や小学校区、あるいは数集落を単位としているものが多くなっています。ただし、**重要なのは規模ではなく、しくみ**です。

<「地域自主組織」に必要なしくみ>

①「1戸1票制」を打破し、子どもや若者、女性など幅広い世代が関わる「1人1票制」を実現する。

②生活の維持、福祉、楽しみの実現、産業振興など、幅広い分野の活動を進める。

③課題ごとに部会を設けるなど、住民1人ひとりが「気軽に取り組める」、「楽しく取り組める」、「やる気を発揮できる」しくみをつくる。

町や地区ごとに歴史や特徴があります。従って、他の事例を真似しても成功するとは限りません。「地域自主組織」は、まず**様々な世代の住民がしっかりと話し合いを行うことが基本**です。マイペースで楽しみながら進めていきましょう。

地域自主組織の活動のポイント

1　様々な世代が関わる機会をつくる

地区には子ども、お年寄り、男性、女性など様々な立場の人が住んでいます。みんなが参加できる機会を多くつくれば、活動にも深みが出て楽しくなります。

まずは**住民がどのような考えを持っているのか**を把握することが有効です。さらに、**地区内の良いところや課題**を、見方の異なる人たちの目で探してみましょう。

<様々な住民の意見を聞く方法（例）>

①子どもからお年寄りまでを対象とした全員アンケートの実施。

②世代別意見交換会の開催。（20歳代以下、30～40歳代、50～60歳代、70歳代以上、など）

③地区の地図を見ながら、良いところや問題点を探す。

④みんなで地区内を歩いて、実際に目で見て点検作業を行う。

例を参考に、地区に合った方法を実施してみてください。

話し合い活動（ワークショップ）の風景

2　活動がリーダーを育てる

リーダーの存在は確かに大きいですが、リーダー1人が頑張っても地区は動きません。地区には様々な人が存在し、みんな何かの特技を持っています。**住民それぞれの得意技を活かす活動や役割**を考えれば、住民1人ひとりがその道のリーダーとして活躍することができます。**組織づくりや活動を通してリーダーが育ちます。**

3　地区内の情報流通を進める

地域自主組織の理念、目標、組織の構成などは、これからの話し合いによってつくられていくことと思います。その過程を地区内に知らせることが重要です。

情報発信を行う時、地区外部への働きかけを考えがちですが、最初の段階では**地区内部への情報の流通**の方が何倍も重要になります。

検討や活動の内容が十分に伝わっていないと・・・

検討や活動の内容を知らせることができれば・・・

世帯主以外の方にも情報を届けるには、地区内向けの情報紙の発行が有効です。固い話だけではなく、地区の良いところを紹介や、子どもにも読みやすい表現を考えてみましょう。

雲南市では「地域自主組織」の検討が始まったばかり。地区の実情や若い世代の意見を十分につかみ、住民同士が議論しながら、地区がもっと好きになる仕組みを考えてみてください。まずは楽しみを織りまぜながら話し合いを始めましょう！

「地域自主組織」に関するお問い合わせは・・・

雲南市地域振興課	電話 0854-40-1013
大東総合センター自治振興課	電話 0854-43-8168
加茂総合センター自治振興課	電話 0854-49-8601
木次総合センター自治振興課	電話 0854-40-1080
三刀屋総合センター自治振興課	電話 0854-45-2111
吉田総合センター自治振興課	電話 0854-74-0211
掛合総合センター自治振興課	電話 0854-62-0300

〔2006年4月発行〕

出典：雲南市ホームページ

ている。また、プロジェクトチームでは町村職員だけでなく、地域住民も関わった議論が行われた。その結果、新しい視点や手法の提案がなされていった。この話し合いの重視の姿勢は、合併後の地域との関わりでも見られる。市職員は、一か月に一回は各住民組織を訪問し、地域への説明、意見交換を繰り返したという。さまざまなレベルでの協議によって理念が浸透し、新しい仕組づくりを進める原動力になったとも言える。

以上、簡単ではあるが、地域自主組織設立の経緯と行政の支援策を概観した。こうした後押しを受け設立された地域自主組織であるが、実際は地域でどのような活動をしているのであろうか。次節で見ていくこととしたい。

３　地域自主組織の事業から

地域で暮らす住民から見ると、地域の再編へ期待することは、安全に安心して暮らしたい、土地のものを食べ味わい、語らい、楽しく生きていきたいという願望の実現である。**図5**は地域自主組織の事業の領域、**表2**は地域自主組織が担う事業の例である。地域自主組織は、「持続可能性の確保」、「安心安全」、「歴史・文化」の３つの領域で、多様な事業

図5　地域自主組織の事業の領域

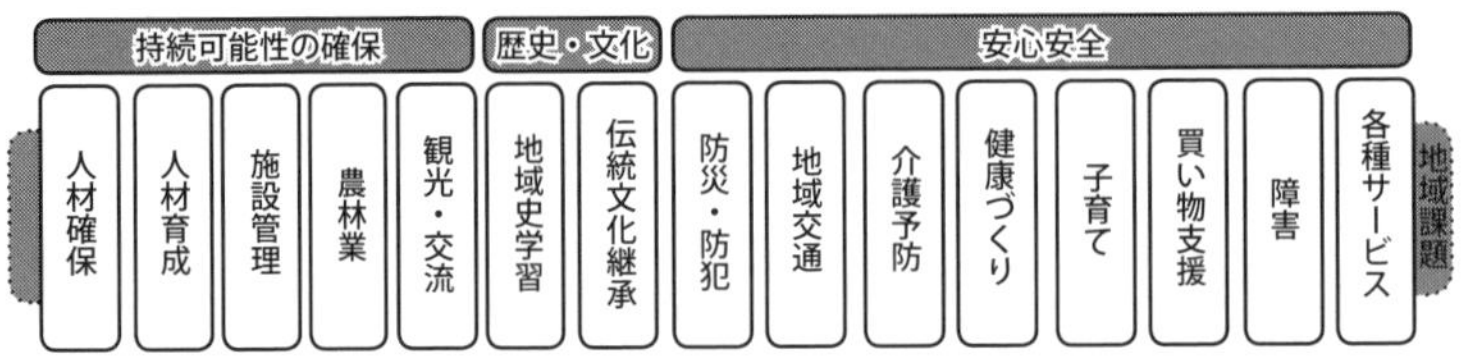

出典：雲南市地域振興課

表2　地域自主組織が担う事業の例

地域内交流

事業内容	地区名
旧JA店舗で毎週「笑んがわ市」(産直市場)を開店	中野
独居高齢者の安心を支える連絡先を一覧化し、「久野の絆」を作成	久野
駅伝大会を独自に開催	一宮
専門家の監修による独自の健康づくり「アヨさん体操」の普及	阿用
幼稚園の放課後に園内で預かり保育と民間施設を活用した学童保育の運営	海潮
まちなかの住民の参加を促す味噌づくりのイベント	下熊谷
料理もしきたりも世代を超えて学ぶイベント「ごはんのじかん」(食文化の伝承、交流)	斐伊
伝統の神楽の子ども向け教室	多根
次世代主導で地区計画策定	掛合
第2次地区計画策定時に中学生以上の全住民調査を実施	西日登
14の地域自主組織が3年間の協議を経て統合	加茂

地域外交流

かやぶき民家でどぶろくと田舎料理を提供	日登
交流センター「夢民谷(むうみんだに)」を拠点に体験・交流	民谷
旧小学校を改装してカフェと宿泊施設を運営	入間
地元産品を出身者に届けるふるさと便を開発	中野
風土記研究、古文書解読で歴史を訪ねる	大東

出典：IIHOE『ソシオ・マネジメント～小規模多機能自治～』Vol.3,2016より著者作成

を担っていることがわかる。本節では、30ある市の地域自主組織の中で、「安心安全」の領域での3つの事業を紹介し、多様性をキーワードに紐解きたい。

(1) 地域自主組織の事業

(A) 阿用地区振興協議会(大東町)

配食サービスを通じた高齢者見守り支援

大東町阿用地区は農業を中心とした中山間地域で自然豊かな地域である。阿用地区振興協議会(以下、協議会)は里山保全の活動や有機農業の実践普及、健康づくりや地域福祉に力を入れており、福祉活動は協議会の部会である福祉委員会が担っている。

福祉委員会では2007年に住民に「実施して欲しい事業活動」についてアンケートを実施。「高

齢者の見守り活動支援」の要望が最も高かったことから、各自治会から選出される福祉委員を中心に高齢者の見守り活動を継続している。

２０１３年10月からは、配食サービスを通じた高齢者の見守り活動を開始。元々は社会福祉協議会（以下、「社協」）が行っていた事業を協議会が引き継いだ。毎日（平日）、配食事務担当者1名と配達ボランティア５名が手分けして、メッセージを添えた夕食を配達している。ポイントは夕食を手渡しすること。毎回、顔色や言動をきめ細やかに確認している。過去には早期発見によって救急対応を行ったケースもあったという。現在の対象者は高齢者８名。一定の基準があるわけではなく、日常の見守り活動の情報を共有しながら社協と協議の上、対象者を決めている。

また、協議会では、定期的に委員会・社協・事務担当者・ボランティアとの情報交換会を実施し、地区内の高齢者の情報を共有している。地区内で、多様な人が関わる見守りの体制ができつつある。

阿用地区概要…人口１２２９名、３９５世帯、高齢化比率33・69％、
面積11・68 ㎢（２０１６・10・31）
拠点施設…阿用交流センター／小学校数…１（児童数56名）
自治会数…16自治会／設立…２００６年

写真１　阿用地区の中心部の風景

体制…役員16名、職員7名（常勤2名）、地域づくり応援隊1名（常勤）、（雲南市独自の外部人材の配置制度。雇用主体は各地区）

事業予算…1230万円（2016年度）／年会費…300円（世帯あたり）

事業概要…〔2016年度の目標〕（1）地区及び自治会ごとの防災計画の樹立（2）健康長寿の郷づくり（3）子育て支援活動の充実と高齢者福祉の増進

（B）波多コミュニティ協議会（掛合（かけや）町）

店舗「はたマーケット」の運営（買い物支援と交流サロン）

掛合町波多地区は旧出雲大社参拝道沿いに位置し、参拝者でにぎわった宿場町である。温泉やキャンプ場もあり歴史と自然に恵まれた地区である。人口は、15年間で638名（1990年）から338名（2015年）に半減。高齢化率は50％で、市内30の地域自主組織の中で2番目に高い比率である。面積も広域で、最寄りの支所（総合センター）まで約16㎞、市役所まで約36㎞、地区周辺のスーパーは中心部から車で15分程度かかる。

旧小学校を改装した交流センター内にある店舗「はたマーケット」について紹介したい。2008年から2年間、同地区は島根県「中山間地域コミュニティ再生重点プロジェクト事業」に採択され、地域マネージャーを配置し全住民へヒアリングを行った。この結果に基づき同協議会では地域ビジョンを策定し、5つの活動の柱を立てた。そのひとつが「買い物の不便の軽減」であった。対策として、地区内唯一の商店の協力を得て、交流センターで小規模販売所「こんまいふるえさん」を設置、雑貨を販売していた。

しかし、２０１４年、地区内唯一の商店が閉店。そこで協議会では市から情報を得て小売業チェーンである全日食チェーンに加盟し、同年10月、交流センター内に「はたマーケット」を開設。商品は約７５０品目に増えた。協議会の職員が店舗運営、商品の配達や住民の送迎を行っている。店舗の隣には喫茶コーナー（交流サロン）も併設され、買い物のついでにサロンで談話をする買い物客も多い。別の会議室では、毎週、ＤＶＤ映画鑑賞、健康体操なども行われ、住民の交流の拠点となっている。

写真２　はたマーケット店内

波多地区概要…人口３３８名、１５０世帯、高齢化比率50・00％、面積29・28 km^2（２０１６・10・31）
拠点施設…波多交流センター（旧波多小学校）
自治会数…16自治会
設立…１９８２年（波多自治会を改組）
体制…幹事会（役員8名、自治会代表5名、女性代表2名）、職員数６名
事業予算…約５０００万円（２０１６年度）／年会費…１５００円（世帯あたり）
事業概要…５分野（防災、買い物、交通、産業、交流）
主な事業…「はたマーケット」の運営、地区内交通「たすけ愛号」の運行、地区内にある波多温泉「満

壽の湯」、キャンプ場「さえずりの森」の運営等

(C) 躍動と安らぎの里づくり鍋山（三刀屋（みとや）町）

毎月の全戸訪問「まめなか君の水道検針事業」（見守り支援）

三刀屋町鍋山地区の地域自主組織「躍動と安らぎの里づくり鍋山」（以下、「躍動鍋山」）の事業である「まめなか君の水道検針事業」について紹介したい。「躍動鍋山」では２０１２年から市水道局と水道メーターの検針の委託契約を締結。これは「独居高齢者等の見守りや声掛け活動の充実」と「人件費を捻出したい」という会長（交流センター長・事務局長兼務）のアイデアから生まれた事業で、毎月、２人一組体制で全世帯を訪問し、水道メーターの検針をする傍ら、要支援者への声掛けや見守りを行っている。また、水道検針に同行して、雲南市保健師による健康管理指導も行われている。

検針員（躍動鍋山で職員として雇用）は７名、検針口数は５２５口（４１５世帯、２０１６年４月現在）、声掛けの対象となる要支援者は58名（２０１７年１月現在）。事業開始時（２０１２年）の32名と比較すると1・8倍に増えている。２０１６年度には、市独自の地域づくり応援隊制度を利用

写真３　水道検診の様子

してコミュニティナースの資格を持つ女性を雇用している。

鍋山地区概要…人口１４２７名、４５１世帯、高齢化比率37・49％、面積23・84 km²（２０１６・10・31）
拠点施設…鍋山交流センター（鍋山小学校に隣接）／小学校数１
自治会数…28自治会
設立…２００６年
体制…運営審議委員（自治会長28名）、役員会11名、部会（５部会）、職員16名、活動ボランティア59名
年間事業予算…約２１００万円（２０１６年度）年会費…４７００円（世帯あたり２０１５年度）
事業内容（18事業）…健康づくり、見守り支援（携帯電話での見守り）、景観保全、地籍調査、自主防災（災害時要支援者避難支援等）、子育て支援（放課後子ども教室等）、高齢者見守り支援、交通支援（だんだんタクシー）、買い物支援（ファミリーマート移動販売車の巡回）、鳥獣害対策（躍動鍋山いのししクラブの設立）等

（３）　イノベーションを促す要因

ここまで３つの地域自主組織の地域福祉分野の事業を概観した。３つに共通した方向性は、課題解決志向、分野横断性、１人ひとりの人を支える中で必要に応じて機能を増やしていく多機能性である。事業の着眼点は目を見張るものがあり、新しい価値を生み出すイノベーションの側面も含んでいる。

さて、こうした創意工夫やイノベーションの源泉は何であろうか。著者はその要因を次の2点に見出している。1点目は生活圏をつくる主体としての関係性の存在である。地縁組織は、目的が多様であることから事業を経営するという発想はなじまないとも言われているが、著者が見た限りでは、市においてはその指摘はあたらない。多様な視点や世代が関わる地域自主組織での活動によって、新しい関係が生まれ、結節点が増えていく。結節点が増えると、生活圏の輪郭が面として浮かび上がってくる。哲学者の内山節は『共同体の基礎理論』において、（農村部の）「共同体の「精神」の本質はともに生きる世界があると感じられることである。単なる利害の結びつきは共同体にならない」と述べているが、[8]的を得た指摘である。

2点目は、話し合いと対話、その結果としてのイノベーションの創発である。地域自主組織は、地域活動計画の策定や住民アンケート調査、ワークショップ等を通じて、多世代の関わりの機会をつくってきた。多様な視点がぶつかり合うことで、課題解決の新しい発想が生まれ、行政の閉じた関係性では思いもつかなかった事業や変化を誘発しているのである。

政治学者の風間規男は、政策ネットワーク論の考え方を用いて、「行政中心の政策形成過程が直面する行き詰まりを打破する」ために、「ダイバーシティ（多様性）を意図的に確保して官民の多様な主体が公共的な課題を解決する」アプローチを「ダイバーシティガバナンス」という概念を用いて紹介している。また、ダイバーシティをイノベーションにつなげるためには、「対話」と「思考」の往復活動が重要であり、多様な意見が表出される「場」が必要であると提起している。さらに、アメリカの物理学者であるデビィッド・ボームの言葉を引用し、「対話」とは相手の考えを否定することなく、価値観の違いを受け入れたうえで、傾聴する行為を続けることで「意味の共有」が生まれていく現象であるとしている[9]。市における地域自主組織の先駆性は、地域の将来像の話し合いや対話の積み重ねによって、「意味の共有」がなされたことにあると言えるのではないだろうか。

一方で課題もある。「対話」と「思考」による関係性づくりは、受け止める力量、すなわち受容力も必要とする。実務の面では相当な時間と労力を要することも多い。それゆえ、自治体職員から戸惑いの声も多く聞く。今後は、こうした課題を整理し、自治体職員の力量形成を図っていくことが必要であろう。

おわりに

以上、島根県雲南市における地域自主組織による地域経営への挑戦を紹介してきた。本事例から得られる示唆は、多主体連携による住民自治の仕組みの導入によって、イノベーションが生まれ、住民の生活の充実が期待されること、そして、市の予想を上回るスピードで住民自治が進展していることである。そしてその鍵は協働と対話による地域経営、住民に財源も含めた決定権を委ね「地域のことは地域で治める」ための環境整備にあるということを示していると言えよう。

1　組織の呼称について、地域運営組織、地域自主組織があるが、本稿では、雲南市の呼称に習い、地域自主組織を用いる。
2 加茂町は14の地域自主組織を一本化し、２０１５年、加茂まちづくり協議会が発足。
3 第２回合併協議会会議資料 http://www.city.unnan.shimane.jp/gappei/1082/file262.pdf（２０１７年２月11日閲覧）
4 「雲南市まちづくり基本条例」第３条では、「新たな公共」を、「公共サービスの多様化が求められるなかにあって、行政に限らず市民をはじめとする多様な主体によって担われる公共の領域」と定義している。
5 注目に値する点は、公共の範囲の捉え方である。公共業務の内容について、公共性が高く地域自主組織での対応が適切かつ可能な義務的な事業と、地域特性や住民ニーズに応じて地域自主組織が実施する自主的な事業の２パターンを想定している。とりわけ、後者は「公共の範囲」を考える上で示唆に富む。
6 「コミュニティ・住民自治プロジェクト報告書」２００３年
7 掛合町は、１９８２年の島根国体で相撲会場となった。地区での受け入れ態勢を整えるため波多コミュニティ協議会が設立された。また掛合町は竹下登元首相の出身地である。
8 内山節『増補 共同体の基礎知識』一般財団法人農山漁村文化協会、２０１５、１８０頁。
9 風間規男「ダイバーシティガバナンスとイノベーション」縣公一郎・藤井浩司編『ダイバーシティ時代の行政学』早稲田大学出版、２０１６、８～10頁。

参考文献

IIHOE〔人と組織と地球のための国際研究所〕『ソシオ・マネジメント～小規模多機能自治～』Vol.3、2016年。

内山節『増補　共同体の基礎理論』内山節著作集15　一般財団法人農山漁村文化協会、2015年。

風間規男「ダイバーシティガバナンスとイノベーション」縣公一郎・藤井浩司編『ダイバーシティ時代の行政学』早稲田大学出版、2016年。

笠松浩樹「行政による「小さな自治」へのアプローチ」『島根県中山間地センター研究報告』1:55～158頁、

2005年。

作野広和、佐久間仁、好田祐介「島根県における市町村合併の実態とその特徴」『島根大学教育学部紀要（人文・社会科学）』第37巻、1～18頁、2003年。

デヴィッド・ボーム著、金井真弓訳『ダイアローグ　対立から共生へ、議論から対話へ』英治出版、2007年。

中川幾郎編著『コミュニティ再生のための地域自治のしくみと実践』学芸出版社、2011年。

「コミュニティ・住民自治プロジェクト報告書」大東町・加茂町・木次町・三刀屋町・吉田村・掛合町合併協議会、2003年。

「無理をしない鍋山　安らぎの里をめざして」平成27年度～31年度　鍋山地区計画」躍動と安らぎの里づくり鍋山、2016年。

ホームページ

島根県雲南市ホームページ（http://www.city.unnan.shimane.jp/）（2017年1月14日閲覧）
大東町・加茂町・木次町・三刀屋町・吉田村・掛合町合併協議会ホームページ http://www.city.unnan.shimane.jp/gappei/）（2017年1月20日閲覧）

謝辞

本稿の執筆にあたっては、雲南市役所政策企画部地域振興課 板持周治氏、雲南市阿用地区振興協議会、波多コミュニティ協議会、躍動と安らぎの里づくり鍋山の役職員の皆様に協力をいただきました。厚くお礼を申し上げます。

第4章 暮らしを支える地域協働システムを ―三和地域協議会がめざすもの―

岡部 成幸（三和地域協議会 事務局長）

1 合併10年を経て新たな試み

２００６年1月1日に旧福知山市、三和町、夜久野町、大江町が合併して新「福知山市」が発足し、12年目を迎えている。合併当初から旧3町には支所が設置され、保健センターの機能も残されるなど、住民サービスが大幅に低下しないよう一定の配慮がなされてきた。現在も一部機能の統合、人員削減はありながらも、窓口機能のほか防災や地域振興についてもそれなりの体制が維持されている。

現在の福知山市は面積５５２km^2、東西37㎞、南北34㎞と広大である。医療機関や教育機関、経済的機能が集積した中心部と、過疎・高齢化が著しい周辺の中山間地域、その中間の新興住宅地など、日本の縮図のような都市構造になっている。

旧福知山市を含む周辺地域では、なんとか地域を維持・存続させ未来に引き継いでいきたいと、さまざまな施策を進めてきた。しかし、現在の福知山市政では旧3町を含め、地域の実情に合わせたきめ細かな施策を実施していくことは、そう簡単ではない。地域振興を担う支所に対する、住民の期待や不満もそこにあるのだが、付与された予算や権限の範囲では限界があるのも事実である。また、地元出身の職員ばかりを長期に支所に配置することも困難で、地域イベントの維持や対症療法的な施策を進めるのが精一杯というのが現状であった。

そんななか、２０１３年の4月に市長から「支所のありかた全体を見直す」との指示があり、旧三和町地域（以下、「三和地域」）を所管する三和支所でも検討を始めることになった（当時私は支所長）。一方、市全体としてこれからの「協働」のありかたを研究する、「市民協働推進会議」が公募委員を中心に活動し（２０１１〜２０１３年度）、その成果として「自治基本条例」や「新たな市民協働のありかた」などについて提言がなされていた。三和地域では市長の指示を単なる支所の制度・業務改革にとどめず、市民協働による地域自治の再編と一体のものとして検討を進めることとした。そのため、２０１３年10月に地域活動に熱心な若者などを中心に、「みわまちづくり会議」を立ち上げることになった。この会議には地域代表として、３名の自治会長（旧村から各1人）に参加を求めた。三和地域の自治会は、旧町のつながりを継承した「三和町自治会長会」という中間的組織を作り、定期的に会議等を開催している。その会長としてこの会議に参加したのが、現三和地域協議会の大槻昭則会長だった。大槻会長は幸いなことに地域自治の再編や市民協働についても関わってきており、先に述べた「市民協働推進会議」の座長も務めてきたリーダーである。

「みわまちづくり会議」の議論の中で、これらの課題を解決するために、「地域協議会」すなわち地域住民が地域の課題を自ら考え、行政などとの協働のもとに解決していくしくみが必要であるという結論を得ることとなった。そして、「地域協議会設立準備委員会」での半年間の準備期間を経て、行政からの財政支援を確保し、2015年度から「三和地域協議会」をスタートさせることができた。現在、会長以下非常勤役員12人、事務局常勤職員3人の体制で様々な活動に取り組んでいるところである。

2 なぜ「三和地域協議会」なのか

三和地域の人口は2016年末現在3500人を割り込み、合併時より約900人減少している。3つあった小学校も2015年4月に1校が統合され2校になり、さらに2019年4月には2小学校と1中学校を統合した小中一貫方式の(仮称)「三和学園」がスタートすることになっている。高齢化比率は43%を超えている一方、三和地域内で生まれる子どもの数は年間10人を割り込むところまで減ってきている。地域を維持していくだけでも、課題が山積しているといえよう。

そんななか、2015年4月に発足した「三和地域協議会」は、旧三和町をエリアとし、中学校区が単位となっている。隣接する兵庫県の自治体では、多くのところで小学校区を単位とした自治組織が設置され、実績を上げている。しかし、その活動のかなりの部分を、社会教育的事業が占めているのが実情である。しかし福知山市では中学校区単位に「地域公民館」（嘱託職員を配置して事務所を設置）、「地区公民館」（小学校区単位に設置して事務所、専任職員はなし）で様々な事業が展開されている。

そんな状況をふまえ、福知山市における「市民協働」モデルケースとして現在の三和地域に求められているのは、後に述べる政策課題に応えうる協議会組織（小規模自治組織）であると考えられる。そういう視点から見ると、50年にわたり「三和町」としてのまちづくりをすすめてきた歴史とつながりを、地域の「遺産」として生かしていくためには、この枠組みが最善であるとの結論に達したのである。

3　地域の「いま」と「未来」を考える

旧三和町は、1955年に3村が合併して誕生した。当時から農業以外の大きな産業もなく、特別有名な観光資源や文化財もないことから、「健康、福祉のまちづくり」をスローガンに、「生まれてから人生を終えるまで、安心して暮らせるまち」をめざして施策を進めてきた。福知山市への合併間際に整備した宿泊交流施設「三和荘」も、地元食材を生かしたおいしい料理以外には特別の意味づけをせず、地域内外の人々が交流する拠点として運営している。

一方、国の過疎対策の恩恵を十分に活用して、生活道路や上下水道、診療所、高齢者福祉施設、町営バスなどの生活基盤、圃場整備と工業団地造成の産業基盤の整備には力を注ぎ、合併時にはほぼ事業を終えている状況であった。

合併後、過疎高齢化がますます進む中、しかも広大な福知山市域のなかで、三和はどのように地域を存続させていくのか、地域のみんなが元気で暮らせるためには何が必要なのかなど、行政とともに取り組むべき課題は山積している。しかし、地域住民組織にできることは限られており、その役割に見合った、また、緊急に取り組むべき課題に絞って着手していかなくてはならない。

そのような視点から、次のような基本的なスタンスで活動を進めることとした。

○行政の下請け機関にはならない
○住民要求の単なるとりまとめ機関にはならない
○行政と対等に「協働」する
○「地域政策」にコミットする　↓　地域の未来に責任を持つ

この考え方を基本に、三和地域の「いま」を住民とともに考えながら、地域の「未来」を切り開き、安心して住み続けられる地域としての「持続」をめざして、活動をすすめていきたい。

4　地域協議会は何をしてきたのか

それでは、具体的にこの2年間、三和地域協議会が実施してきた活動について紹介してみよう。協議会では、大きく3つの分野での活動を実施することとしている。

（1）部会活動

協議会規約には3つの常設部会と必要に応じて特別部会を設置すると定めている。常設部会は「地域活力」、「生活基盤」、「定住促進・情報発信」の各部会で、それぞれの担当分野で地域課題に取り組むこととしている。当然ながら、課題のすべてにこたえることは不可能なので、必要性、緊急性などを考慮して選択し、順次取り組んでいるところである。また、２０１６年度は福知山市教育委員会から提案のあった学校統合計画について、地域全体の問題として検討するため「学校統合問題検討部会」を設置し、集中的な議論を実施した。

各部会の主な活動内容は以下の通りである。

○地域活力部会（部会員12人、うち女性5人）

少子高齢化のなかでも、地域が「元気」を出していけるよう、様々な取り組みをすすめている。地域の住民が日常的に集い、様々な話をする機会が少なくなる中、三和支所前にある「いこいの広場」で、「みわふれあいカフェ」を毎週一回開催している（冬期は休業）。隣接する農協前で実施される「野菜市」にあわせた朝2時間程度の取り組みだが、常連の人や通りがかりで立ち寄った人など、ほのぼのとした交流の場となっている。また、地域内の自治会などが取り組むカフェやサロンにも、少しの補助とＰＲなどのお手伝いをすることにしている。

三和地域では年間10数人の出生数しかなく、子ども同士で遊ばせることもままならない現実がある。不便な地域であっても、子育てする仲間やつながりがある地域であることをめざして、「みわこどもまつり」を２０１６年度から始めることとなった。メインは福知山市内で長年活動する人形劇団（代表者は部会員）の公演で、手作り体験コーナーや交流カフェなどを実施し、町域内外から多くの親子に参加いただいた。２０１７年2月には子育て講演会を実施するなど、地域での子育てを応援する事業を今後も継続して充実させていくことにしている。

また、福知山市内で以前から活動する「きょうと北部演劇まつり実行委員会」と共催で、「第20回きょうと北部演劇まつり」（劇団『京芸』の大型人形劇）を三和荘で開催し、久しぶりに会場一杯の来場者で、生の演劇を地域の人たちに観ていただくことができた。

そのほか、旧三和町時代に作られた「三和音頭」を、歌いやすい、踊りやすいものに見直しながら、再度普及を図ることなどにも取り組んでいる。

○生活基盤部会（部会員11人、うち女性3人）

地域で暮らし続けていくためには、生活を支える様々な機能を維持していくことが重要である。課題は多岐にわたり、行政でも対応し切れていないのが現状だが、協議会としては「地域交通の確保・再編」に絞って、2年間検討を進めてきた。

旧三和町の役場があった千束地区には、市役所三和支所、協議会等公共的団体の事務所、地域公民館・図書館分館、農協支所、コンビニ、スーパー、地元信金支店、郵便局、銀行ＡＴＭ、診療所、歯科診療所、高齢者福祉施設、小中学校など、生活関連施設が半径３００ｍ以内に集中して立地している。また、２km先には宿泊交流施設の「三和荘」もあり、この集積した機能へのアクセスを維持していくことが、三和地域を「基礎的生活圏」として暮らす住民にとって最も重要な課題だといえる。

これらの施設への自家用車以外での交通手段は、国道９号を走るＪＲバスと旧三和町から引き継いだ福知山市営バス３系統４路線のみである。しかし、放射状に広がる多くの谷筋から構成される三和地域の地勢では、バス路線のない地区がある上、通っていてもバス停までが遠くてしかも坂道であるなどの状況により、高齢者にとって非常に利用しづらいものとなっている。バス１便当たりの利用者数は、綾部市の駅や病院に直接乗り入れている1路線（この路線には福知山高校三和分校生徒が平日毎日20人以上利用）を除けば、平均２人にも満たないのが実態である。さらに小中学生の利用を除外すると、平均は０・５人を割り込むと見込まれる。

補完する機能として社協やＮＰＯが福祉有償運送や交通空白地有償運送に取り組んでいるが、市の独自補助を充てても大幅な赤字になり、ほとんど無償のボランティア運転手の確保に四苦八苦しているのが現状である。

こんななか、部会では市の生活交通課とともに、地域内交通体系の再編について検討を進めてきた。市バスの運転手やＮＰＯからのヒアリング、65歳以上のすべての住民を対象としたアンケートを実施し、地域の実態や住民の意向も調査するなかで、もはや地域全域を路線バスでカバーするのは困難であるとの結論に達したのである。幸い旧三和町時代に過疎対策を活用し、ほとんどの世帯の前まで道路の改良舗装が完了している。この状況を生かした「門口から門口まで」の交通空白地有償運送を地域交通確保の主要な柱と位置づけ、住民が主体となって運営し、行政が手厚い支援を行う仕組みに移行すべきだとの見解をまとめることとなった。

これらの検討結果を福知山市に示す中で、２０１６年度に市が進めている「福知山市地域公共交通再編実施計画」では、協議会の見解も取り入れた新たなしくみについて、支援制度の導入が図られつつある。今後については、住民主体の事業の立ち上げが課題となり、まさに「住民自身の力が問われる」なかで、過疎地域のモデルとなるような仕組みを作り上げなければならない。

そのほか部会では、今後の課題として過疎高齢化により疲弊する自治会の維持や、支援方策についても行政と連携して研究を進めることにしている。

○定住促進・情報発信部会（部会員10人、うち女性２人）

三和地域の過疎は、人口減少（若者減少）型から、世帯減少型へ移行している。空き家は加速度的に増えているが、盆正月に帰省するのみで差し迫って困った状況にない所有者からは、賃貸や売却の物件としてはなかなか出てこない状況である。しかし、地域自治や習俗・文化を含め、担い手が減少していく現状のまま放置すれば、いずれ緩やかな地域の死滅を迎えることになるのは必至である。

地域協議会設立準備当初から「移住・定住」の促進は、避けて通れない課題との認識を共有し、取り組むこととしてきた。幸い福知山市でも２０１５年度から様々な制度や施策を新設し、本格的に移住促進策を進めることになったことから、行政と地域組織の役割分担を探りながら、協力して移住の促進を図りたいと考えている。

改めて三和地域をみてみると、農業起業をめざして移住した若者が、京都府内でも突出して多いことがわかった。すでに研修を終え、農業で生活が成り立つところまで頑張っている若者も出てきている。また、Ｉターン者が農家民宿を始め、府内でもトップクラスの成功事例として紹介されている。地元食材を生かした農家レストランを開業して、地域内外から多くのお客さんで賑わっている事例もある。

行政施策がいよいよ本格化してきた２０１６年度からは、部会で協議会のＨＰを開設、また、移住者の定着を支援しようと6月と12月には交流会を実施した。希望を持って移住してきても、ともすれば孤立したり地域の習慣になじめずトラブルになるなど、定住していくためには様々な壁があるのも事実である。それらを少しでも軽減し、「三和に来てよかった」と感じてもらえるような活動を、これからも進めていきたいと思っている。また地域に働きかけて、まだ住める状態のうちに空き家の提供を検討するよう、掘り起こす活動にも踏み出していきたいと考えている。

○学校統合問題検討部会（部会員13人、うち女性3人）

福知山市が進める「市立学校教育改革推進プログラム　後期計画」（２０16～２０２０年度）で、三和地域の小学校（2校）、中学校（1校）は、小中一貫校として統合し、存続を図るという計画が示された。各学校ＰＴＡと三和地域の自治会長会にはその内容が示され、それぞれの組織で検討が進められてきた。そんななか、ＰＴＡ側からは「地域にとって大きな問題なのに、自分たちだけで議論するのは不安だ」、自治会長側からは「保護者の意見を十分踏まえて考えたい」との懸念から要望があり、協議会が特別部会を設置し、地域全体の問題として意見のとりまとめをすることとなった（２０１６年５月部会設置）。

最終的な結論を得るまでに部会を８回、教育委員会と共催の住民説明会を２回、保育園の保護者説明会を１回、自治会長への説明を３回、各ＰＴＡでの検討会など丁寧な協議と説明を積み重ね、地域の総意として２０１６年12月21日に福知山市長と教育長に、「小中一貫校の導入」についての要望書を提出することとなった。

今後は統合に向けての諸準備や学校の学習方式検討、校舎の整備や通学方式、跡地活用と課題が目白押しである。地域協議会はいずれの課題にも積極的にかかわり、地域の未来を見据えながら意見をとりまとめる役割を果たしていきたいと考えている。

（２）地域団体等との協働事業

地域協議会の重要な役割の一つに、地域で活動する団体の支援をするということがある。三和地域では若者グループがイベントを仕掛けたり、子育てグループが支援活動をしたりと、それなりに活発な活動が展開されてきた。しかし、それを継続していくとなると、事務局機能を個人が担ったり、行政からの補助金申請に苦労したりと、様々な困難に直面してやめざるを得ないことが往々にしてあった。

そのような場合、協議会事務局が申込窓口を引き受けたり、補助金申請を手伝ったり、ときには行政とのつきあい方を指南したりすることで、活動が継続していく場合も多くある。協議会は、地域住民活動の駆け込み寺としての役割を果たしていきたいと考えている。

２０１５年に福知山市が進めるアセットマネジメントの一環として、市社会福祉協議会三和支所の事務所移転問題が発生した。従来の施設を転用して事務局を移転する計画だが、その移転先が建物の2階で、しかもエレベーターがない施設だった。すでに決まったこととして伝えられた三和地域の障害者団体から相談を受け、自治会長会とも連携して市に申し入れを行い、別の施設の1階に移転することで決着することとなった。

このように、協議会があることで、地域内諸団体の活動を下支えするという役割が、少しづつできるようになってきている。

（3）行政からの委任事業

行政の下請け機関でないというコンセプトを守りつつ、いくつかの仕事を委任されて協議会事務局で実施している。

一つは農村有線放送を継承して、三和地域で運用している無線放送（約１７００世帯の90％以上が加入）の、1日2回の録音吹き込みである。また、三和町自治会長会の事務局と、月に2回の全戸配布物の自治会長宅への配布、市観光協会三和支部の事務局、三和地域最大の産業・文化交流イベント「三和ふれあいフェスティバル」の事務局機能などである。前記2件は地域とのつながりを強めながら事務局の日常定型業務を確保すること、後段は地域振興を役所任せでなく住民自らが取り組むという意味で、実施している。いずれも協議会設立以前は市役所三和支所の業務だったが、現在は支所と協議会が密接に連携して進める事業となっている。

その他、市の施策に基づく地域調査なども依頼されて取り組むなど、市役所及び支所との良好な信頼関係の元で、地域振興を進めたいと考えている。

5　2年間の活動で見えてきたこと

三和地域協議会は現在まで、2ヵ月に1回の広報紙発行、行事のたびの広報チラシ発行、自治会長会での活動状況報告など、地域住民への活動周知や事業への参加依頼を積み重ねてきた。個々のイベントなどはそれぞれ成功裏に終了することができたが、住民の皆さんの協議会認知度はまだまだ低く、さらに知っていただく機会を設けながら、主体的な参加を呼びかけていく必要があると感じている。また、住民にとって目に見えて「役に立つ」事業についても、取り組んでいかなければならない。

いくつかの課題と今後の方向について紹介すると、

(1)　自治基本条例の制定と協議会の制度化

福知山市では地域協議会の設置根拠となる「自治基本条例」が未制定（2017年2月現在）となっている。三和地域協議会に対する補助金も、国の「地方創生」事業補助金に絡んで、「要項」

で定めた運営交付金が交付されている。後発の夜久野、大江の協議会を含め、非常に不安定ななかでの組織運営となっている。できるだけ早く条例や規則・要項等を整備し、安心して活動に取り組めるようにしていただきたい。

また、一定程度活動が進んでくると、「独自財源」を確保していくべきといった議論が出てくる。しかし、基本的に公共性のある活動をする協議会で、人件費や運営費をまかなう収益事業などは、まずあり得ないのではないだろうか。財政的基盤だけは、しっかりと行政施策として確保する必要があると考えている。

協議会設置の枠組みについては、福知山市においては旧３町をパイロット事業として取り組んだため、中学校区が基本のように受け止められているが、本来は地域の実態や歴史に即した枠組みで作るべきあると考えている。上から押しつけられた形で発足した協議会は、活動が停滞したり破綻したりする可能性が高くなると思われる。住民が自主的主体的に参加しやすい枠組みを、自ら選ぶことが必要である。

（２）組織運営と持続的活動のありかた

三和地域協議会の役員構成は、いわゆる「あて職」（構成団体の会長職等を集めたもの）組織にならないことを重視している。団体代表として入るのは、三和町自治会長会の会長を協議会副会長に充てているのみである。それぞれの団体代表は、それぞれの活動を進めていくことに精一杯で、なかなか地域協議会の独自活動にまで手が回らないのが現状だと思われる。地域協議会の活動にふさわしい人材は、必ず埋もれている。時間がかかっても、協議会活動に積極的に参加してくれるメンバーをそろえることは、きわめて重要なポイントである。

また、事務局の設置は必須事項であると考えている。住民が気楽に立ち寄れる事務所、いろいろなことが相談できる事務局の存在は大きいものがあり、そのためにも、「事務局の日常」を作り上げなければならない。どんな組織にも政策的課題を取り組む仕事とともに、毎日のルーティンワークがあれば、安定した日常の仕事が回っていくものである。そのための仕事を行政から請け負うことは、単なる「安上がりの下請け」ではないと考えている。

(3) 見えてきた課題

部会活動を重ねていくと、行政よりも早く方向が見えていくことがままある。しかし、その施策を実現するためには市が予算化・事業化し、議会の議決を得なければならない。いくら協議会と市の担当部局が「いい施策だ」と合意しても、市の施策として実現するまでにはいくつものハードルが待っているのである。

福知山市では新たな総合計画「未来創造　福知山」で、第1章に「市民が主体のまちづくり(協働・人権)」を掲げている。市民と協働して何を決め、どういうプロセスで実現していくのか。地域政策に地域協議会が関われば関わるほど、行政側の理念や仕組みが問われるのではないだろうか。

６　「地域に必要な協議会」をめざして

三和地域協議会は、設立当初から「地域にとって必要」な組織にしていく、行政に「都合がよい」組織にしない、ことをめざしている。そのためには従来の行政の考え方を変えるとともに、当然、住民の考え方も変えていく必要がある。すべてを行政にゆだねるのでなく、自らやりたいこと、やるべきことを、住民自身が主体的に取り組む組織をめざして、一つ一つの具体的な課題にチャレンジすることを通じ、成長する協議会でありたいと考えている。

第５章　住民の自治と協働のまちづくりの検証
―京都府京丹後市を事例に―

勝山　享（京都府立大学公共政策学部准教授）

はじめに

政府の「まち・ひと・しごと創生総合戦略（２０１５年改訂版）」において、主な施策として「地域の課題解決のための持続的な取組体制としての地域運営組織の展開と活動の推進」を掲げ、重要業績評価指標に「住民の活動組織（地域運営組織）の形成数　３０００団体を目指す」ことを設定しており、各省庁は様々な制度や事業を活用して、地域運営組織の形成を支援している。[1]

この地域運営組織は、国家戦略の施策として展開される以前から全国各地で地域の創意工夫により展開されており、名称も小規模多機能自治組織、地域自主組織、地域づくり協議会等と様々であり、また、組織形態や活動内容も多様である。２０１５年2月には、三重県伊賀市、名張市、兵庫県朝来市、島根県雲南市の４市が発起人となり、小規模多機能自治を全国的に推進するため、

「小規模多機能自治推進ネットワーク会議」が立ち上げられた。発足当時の１４２自治体等から参加が徐々に増加しており、その所在は45都道府県に及び、全国的に関心が高いものとなっている。

本稿では、最初に、その地域運営組織と、１９７０年代からの旧自治省が展開したコミュニティ政策の対象となる「モデル・コミュニティ」に共通点が多いことに着目し、双方を比較することで、双方間の相違点とその要因を明らかにし、地域運営組織の基本的要件と有効性を高める要件を抽出することとした。

次に、小規模多機能自治推進ネットワーク会議に参加している京丹後市の「住民の自治と協働によって進めるまちづくり」の取組や同市久美浜町の「活性化協議会」の事例を取り上げ、先で抽出した地域運営組織の構成要件と照らし合わせることで、京丹後市のまちづくりにおける有効性を検証する。

1　地域運営組織とモデル・コミュニティとの比較

政府（旧自治省）によるコミュニティ政策は、１９６９年に国民生活審議会調査部会が発表した報告書「コミュニティ―生活の場における人間性の回復―」を受ける形で、「コミュニティ（近隣社会）に関する対策要綱」（１９７１年）に基づき、全国で概ね小学校の通学区域程度の規模とするモデル・コミュニティ地区39ヶ所を指定し、コミュニティ計画策定、コミュニティ施設整備、住民活動の展開等を促進していくことになった[2]。

地域運営組織との共通点、コミュニティ政策の評価・課題、主な相違点とその要因について、次に述べることとする。

(1) 地域運営組織とモデル・コミュニティの共通点

双方の主な共通点は、次の4つを挙げておきたい。これらは時代背景が異なっていても住民の活動として必要とされる要件と言える。

(Ⅰ) 活動範囲が概ね小学校区（昭和の大合併以前の旧村単位）
(Ⅱ) 住民の主体的な計画づくりによる地域課題と将来ビジョンの共有
(Ⅲ) 活動内容が住民の交流や地域の問題解決等、多機能型の取組
(Ⅳ) 町内会や各種団体等を構成主体した重層的な組織構造

(2) コミュニティ政策の評価

モデル・コミュニティの評価としては、専らコミュニティ施設建設に収斂されたことへの批判があったものの、コミュニティ施設の設置により、住民が集える拠点づくりが展開されたことや、共通点（Ⅱ）にあるように住民の主体的な計画づくりの過程で住民同士の繋がりが形成されることは、住民自治の基盤形成の動きとして評価できるだろう。その一方で、国民生活審議会報告書では、従来の町内会等とは異なる新たなコミュニティ組織を作る狙いがあったにも関わらず、実

態としては町内会等を構成主体とした組織構造となり、男性の世帯主が役職等に就く町内会等がその中心的役割を持つことで、期待された若者や女性が参画（自分の意志が計画や活動に反映）する機会の創出に繋がりにくかったことが課題として挙げられ、より多くの住民の当事者意識を醸成する上で若者や女性等の参画は必要な要素であると考える。

（３）主な相違点とその要因

主な相違点としては、次の４点が挙げられる。

（Ａ）住民と行政との関係性の変化
（Ｂ）市町村等からの交付金型財政支援
（Ｃ）地域で暮らし続けるための生活サービスの提供
（Ｄ）コミュニティ・ビジネス等の経済活動の実施

最大のポイントは、「（Ａ）住民と行政との関係性の変化」であろう。１９７０年代以降の旧自治省によるコミュニティ政策は、機関委任事務による上意下達の「官製トップダウン型」政策展開である一方、地域運営組織は、（市町村から課題認識の投げかけはあったとしても）住民の総意による新たな住民自治や行政との協働による「住民発ボトムアップ型」であり、小規模多機能自治推進ネットワーク会議に象徴されるような「水平展開型」の取組と言ってよい。

そうした住民と行政との関係性の変化が生まれてきた要因としては、まず、地方分権改革が挙げられる。１９８０年代以降の行財政改革（行政の守備範囲の見直し、財政赤字・累積債務などの財政要因、行政サービスに対するニーズの増大・多様化への対応等）の一環として、2000年の地方分権一括法の施行により、国と地方との関係が大きく変化するわけであるが、それだけにとどまらず、第27次地方制度調査会答申（2003年11月）で「住民自治の充実」として「地方分権改革が目指すべき分権型社会においては、地域において自己決定と自己責任の原則が実現されるという観点から、団体自治ばかりでなく、住民自治が重視されなければならない」ことが示され、地方自治の両輪である団体自治と住民自治の関係性を改めて問われることになった。

さらに1999年以降の平成の大合併は、昭和の大合併後の生活圏や経済圏の拡大等をはじめとする経済社会の変貌、著しい少子・高齢化の進展等の状況を踏まえ基礎自治体の行財政基盤確立を図るものであったわけであるが、合併による主な問題点・課題として、周辺部の旧市町村の活力喪失、住民の声が届きにくくなることを起因とする住民サービスの低下、旧市町村地域の伝統・文化、歴史的な地名などの喪失が挙げられている。[3] そうした問題点や課題への緩和措置とも言える地域審議会、地域自治区、合併特例区の法制度の活用等により、住民の声を行政に反映する仕組みを整備・活用しようとする市町村の意向や、合併の危機感から地域運営組織を形成し、住民自らが地域の課題解決を主体的に行うようになったことを受けて、地域内分権や住民自治の新たな動きに対する支援施策として施策ごとの補助金等を見直し、「(B) 市町村等からの交付金型財政支援」を展開する市町村が出てくるようになった。

以上のような住民と行政との関係性の変化だけでなく、少子・高齢化の進行と人口減少社会の到来により、中山間地域等を中心に、採算や効率性等が劣る民間事業者等の店舗撤退や公共交通機関の廃止等、住民の生活にも多大な影響を及ぼす現状があることから、「(C) 地域で暮らし続けるための生活サービスの提供」、「(D) コミュニティ・ビジネス等の経済活動の実施」を地域住民等が手掛けていくことになる要因となっている。

（4）地域運営組織の構成要件

以上を振り返ると（1）のモデル・コミュニティとの共通点（①～④）は地域運営組織の基本的要件と言えよう。また、（2）のコミュニティ政策の評価と改善点の2点（⑤⑥）と（3）の相違点（⑦～⑩）は、持続可能なまちづくりを行う上で、モデル・コミュニティ期からの社会変革に対応した地域運営組織の有効性を高める要件と考えられ、それぞれが地域運営組織の構成要件であると考える。

①活動範囲が概ね小学校区
②住民の主体的な計画づくりによる地域課題と将来ビジョンの共有
③活動内容が住民の交流や地域の問題解決等、多機能型の取組
④町内会や各種団体等を構成主体した重層的な組織構造
⑤住民が集える拠点づくりの展開
⑥様々な年齢層や性別等の属性の多様性と個人の参画
⑦住民と行政との関係性の変化
⑧市町村等からの交付金型財政支援

⑨ 地域で暮らし続けるための生活サービスの提供
⑩ コミュニティ・ビジネス等の経済活動の実施

2 京丹後市のまちづくり

次にこうした地域運営組織の構成要件について、京丹後市の事例を通じてまちづくりにおける有効性を見ていきたい。

京丹後市は、京都府北部、丹後半島に位置しており、2004年4月に6町（峰山町、大宮町、網野町、丹後町、弥栄町、久美浜町）が合併して誕生した。「合併により住民の意見が届きにくくなる」との懸念を解消するため、「京丹後市地域振興協議会」を設置して、住民の意向を反映するための機能を担うこととなった[4]。

2008年4月には、市民起点のまちづくりを進めていくため、京都府内の市町村で初となる「京丹後市まちづくり基本条例」が施行された。そのまちづくり基本条例に基づき、市民の市政への参加を促し、自治と協働によるまちづくりを推進するために設立されたのが、2010年6月に設置される「京丹後市まちづくり委員会」である。

まちづくり委員会は、旧町ごとに地域振興策を協議、提言することを目的としていた地域振興協議会等から、市政全体に関わる内容を審議、答申する附属機関へと機能を大きく変化されることとなった。まちづくり委員会では、2010年度から2015年度まで、まちづくり基本条例の見直し、分庁舎方式の今後のあり方、地域振興交付金のあり方等、９つの諮問を受けて、審議、答申がなされており、住民の意向が市政に反映されている。

また、まちづくり基本条例に基づき、様々な市民協働の施策が展開されている。市民自らが自分たちの住む地域の中長期的な「地域まちづくり計画」を策定し、活力ある豊かで自立した地域づくりを積極的に推進されている地域に対して、地域担当である市民局がその地域に寄り添うように市役所の各部署との調整機能を果たし、さらに人的、財政的支援も行うなかで、住民の自治と協働によるまちづくりを推進している。

（a）地域との担当窓口

６町が合併した経過を踏まえて、合併前の６庁舎に市民局（支所）が設置され、市民局の地域協働係が市役所と自治区（集落）との連絡調整業務を直接担当している。

市民局単位に自治区の代表者（区長）で組織する区長連絡協議会等が設立されており、同協議会の役員会や総会に市役所の幹部職員等が出席し、市の主な施策の説明、新たな事業制度の説明や協力要請を行っている。また、会議開催時に市役所の各部署が必要に応じて出向き、個々の案件についての事務連絡や依頼を行うことで、スムーズな自治区との連携が図られている。

（b）人的支援

地域の特徴を活かしつつ、市民と行政との協働による地域自治活動等の活性化を推進し、地域ににぎわいを創出し良好な地域社会の形成及び振興を図るため、全6市民局に「地域にぎわい創り推進員」を2名ずつ設置されており、地域まちづくり計画の策定や自主防災組織の設置促進及び地区防災計画の支援、区長連絡協議会の庶務に関する業務等に従事している。

(c) 財政的支援

市民が自主的かつ主体的に行う住民自治活動を尊重及び支援し、市と地域との協働を推進するため、各町区長連絡協議会に「地域振興交付金」が交付されている。交付金の使途は、文書配付その他の市からの依頼に基づく取扱事務に要する経費、地域生活環境の整備・地域福祉の向上、安全・安心な地域づくり等に充てられている。

また、区長連絡協議会の運営に充てられている「区長連絡協議会運営事業交付金」のほか、地域コミュニティ活動の拠点となる地区所有集会施設の整備や地区が所有する施設（公民館等）及び設備の整備に対する補助制度など様々な財政的支援がなされている。

以上の京丹後市のまちづくりに対する姿勢は、住民による地域運営組織の構成要件②の活動に対して、その有効性を高める要件⑦⑧に係る環境を整備することにつながっている。

3 久美浜町の活性化協議会

次にまちづくり委員会の提言[5]でも京丹後市内の地域運営組織に近い先行事例として取り上げられている久美浜町の「活性化協議会」を紹介したい。

久美浜町の歴史的特徴としては、旧村意識が強く、「自分たちのことは自分たちでやる」という自治活動が盛んであることが挙げられる。それは、戦後の久美浜町での公民館活動が、中央公民館を置かず、地区公民館、分館充実方式を選び、自治活動や生産活動が密接に結びつき、発展してきた経過があることや住民の総意による自治を確立するための学習も自治活動を深めるなかで行われてきたことが[6]、自治区の集会場を自力で建設、旧村単位の各センター（集落に集う場がある状況）が活動拠点となっていることにもつながっている。

そうした歴史的背景を持つ久美浜町の「活性化協議会」は、2005年4月から、昭和の大合併前の旧村（概ね小学校区、公民館）単位の8地域において、地域内の様々な団体等により構成された地域共同体で、地域づくりに取り組むものであるが、それぞれの地域の住民間の合意のもとで取り組まれていることから、名称（久美浜一区自治振興会、二区地区活性化協議会、川上地区自治振興会、海部地区活性化協議会、佐濃自治会、田村地区活性化協議会、神野地区自治会、湊地区活性化協議会）、組織形態、取組内容は統一化されることなく、多様である。

活性化協議会の設置経過としては、合併前の久美浜町では、他町と比べて集落数が多く[7]、また、世帯数が少ない小集落が多いことから、合併により行政区域が広域化する中、住民と行政との緊密な連携や地域の要望事項に対する行政の対応が低下することが懸念されたことを受け、久美浜町区長連絡協議会において「久美浜地域コミュニティ活性化検討委員会」が立ち上げられ、他町と対等になれる組織づくりを検討することとなった。

委員会では、従来の行政区単位で集落、地区区長会、地区公民館のそれぞれが活動してきた状況では、将来、少子・高齢化が進み、小規模集落では集落そのものの機能が立ち行かなくなる可能性があることから、旧村を単位に集落を越えて活動する体制（活性化協議会）を整え、身近な生活の中における地域の課題を解決するため、自らの計画に基づき地域づくりを実践すること、地域づくりのための権限と財源を持ち実践していくことの方針が検討された。

区長連絡協議会は、地域住民に対して、活性化協議会には地域の誰でも参加できること、各地区のセンターを拠点とすることの基本的要件を示すとともに、その具体的な進め方については、次のように段階を踏んで取り組んでいくことの共有が図られ、活性化協議会の設置に至ることとなった。（設置に向けた取組の中で、地域運営組織の構成要件①～⑥を満たしていくこととなる。）

ⅰ ２００５年３月までに区長会を中心に公民館、老人会、婦人組織等によって推進組織を作る。

ⅱ 地域の課題と住民の「こうしたい」「これがしたい」という思いを振興策として盛り込んだ計画を作る。

ⅲ 将来目標として、試行錯誤しながら「ここに住んでいてよかった」と思える地域づくりを行う。

８地域に設置され、地域づくりを推進していく活性化協議会の組織形態は、まちづくり条例に規定された「住民自治組織」であるが、法人格を持たない「任意団体」であり、協議機能と実行機能を合わせ持つ機能一体型の組織形態となっている[8]。（図１）

各活性化協議会の具体的な活動は、敬老会の実施、子育てサロン、婚活事業、健康体操、旧小学校の有効活用、京都丹後鉄道とのタイアップ事業など、地域住民同士の交流を図るものから、地域の課題解決、活性化を図るためのコミュニティ・ビジネスまで、地域の実情に応じて多彩な展開（地域運営組織の有効性を高める要件⑨⑩を実行）がなされている。また、久美浜町では、各活

図1　久美浜町活性化協議会の関係図

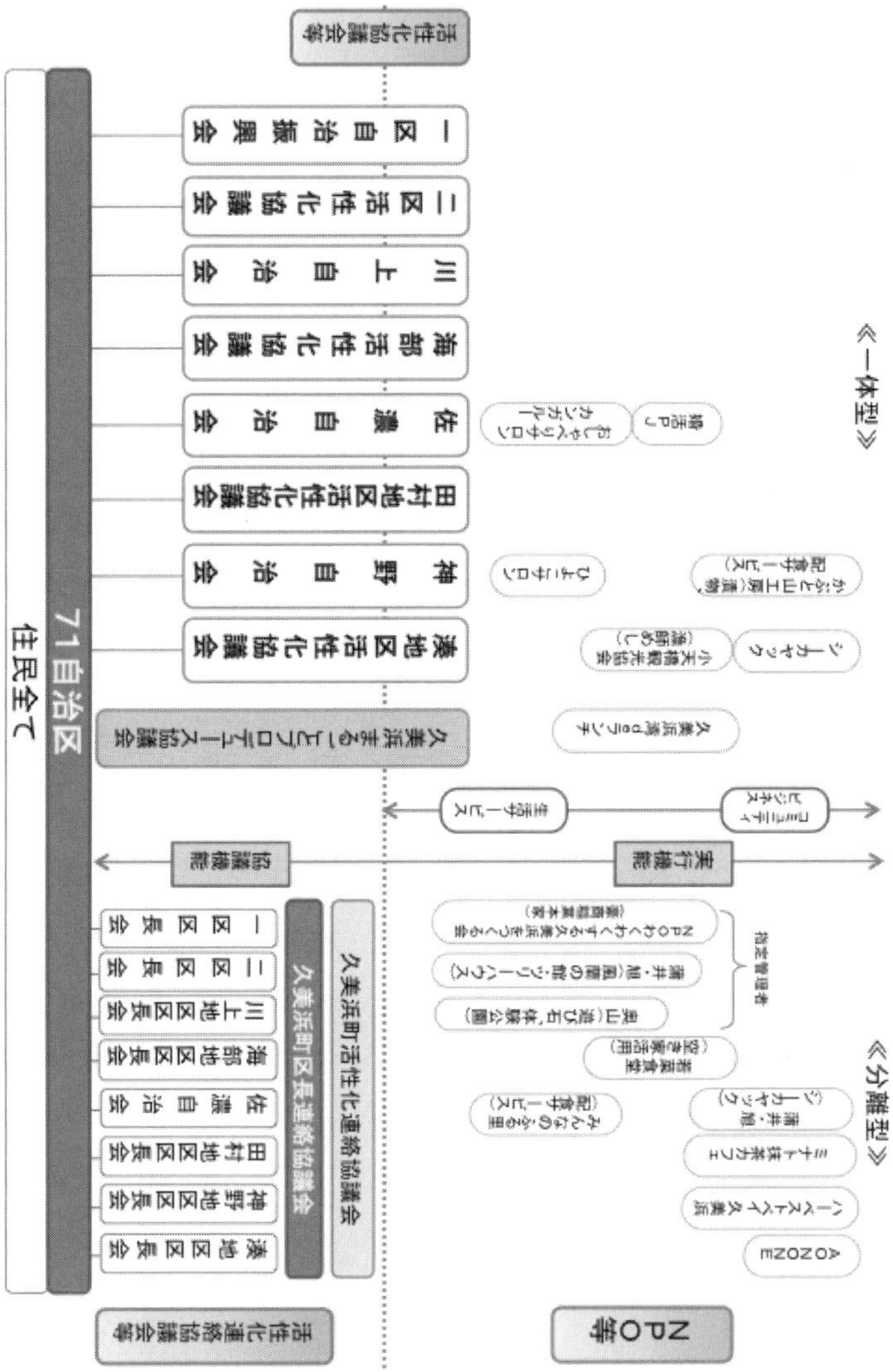

京丹後市市民部市民協働課提供資料に筆者が加筆

性化協議会間の連絡調整等を担う活性化連絡協議会をはじめ、実行機能としてNPO法人、コミュニティ・ビジネスの事業者なども活動している。

そうした活動の展開と併せて、佐濃自治会では、設置から10年以上が経過する中、地区の課題に機敏に対応していける組織が必要との認識に立ち、実施された住民アンケートで「現在の区長会組織を改め、時代の変化に機敏に対応できる組織に見直すこと」に7割以上が賛成であった結果を受けて、地区の3組織（佐濃地区区長会、佐濃地区活性化協議会、佐濃地区公民館）を統合して、存在感、発言力、問題解決能力を高める組織への見直しや会長、副会長の任期を3年に延長して、従来からの役職の重複や役割分担の不明確さを解消し、課題解決型に体制強化がなされる状況も生まれてきている。**（図2）**他の地域でも、そうした変化に対応できる体制強化を図っていくことも必要になるだろう。

以上のとおり久美浜町の活性化協議会については、設置に至る時点から地域運営組織の構成要件①～⑥を備えており、京丹後市による環境整備により要件⑦⑧を満たし、市との連携を図りながらも、主体的に地域づくりの取組（要件⑨⑩）を実行している状況であり、まちづくり委員会が先進事例として評価されていることからも地域運営組織の構成要件を満たす活性化協議会の活動状況と市の支援が有効であると言えるだろう。

図2

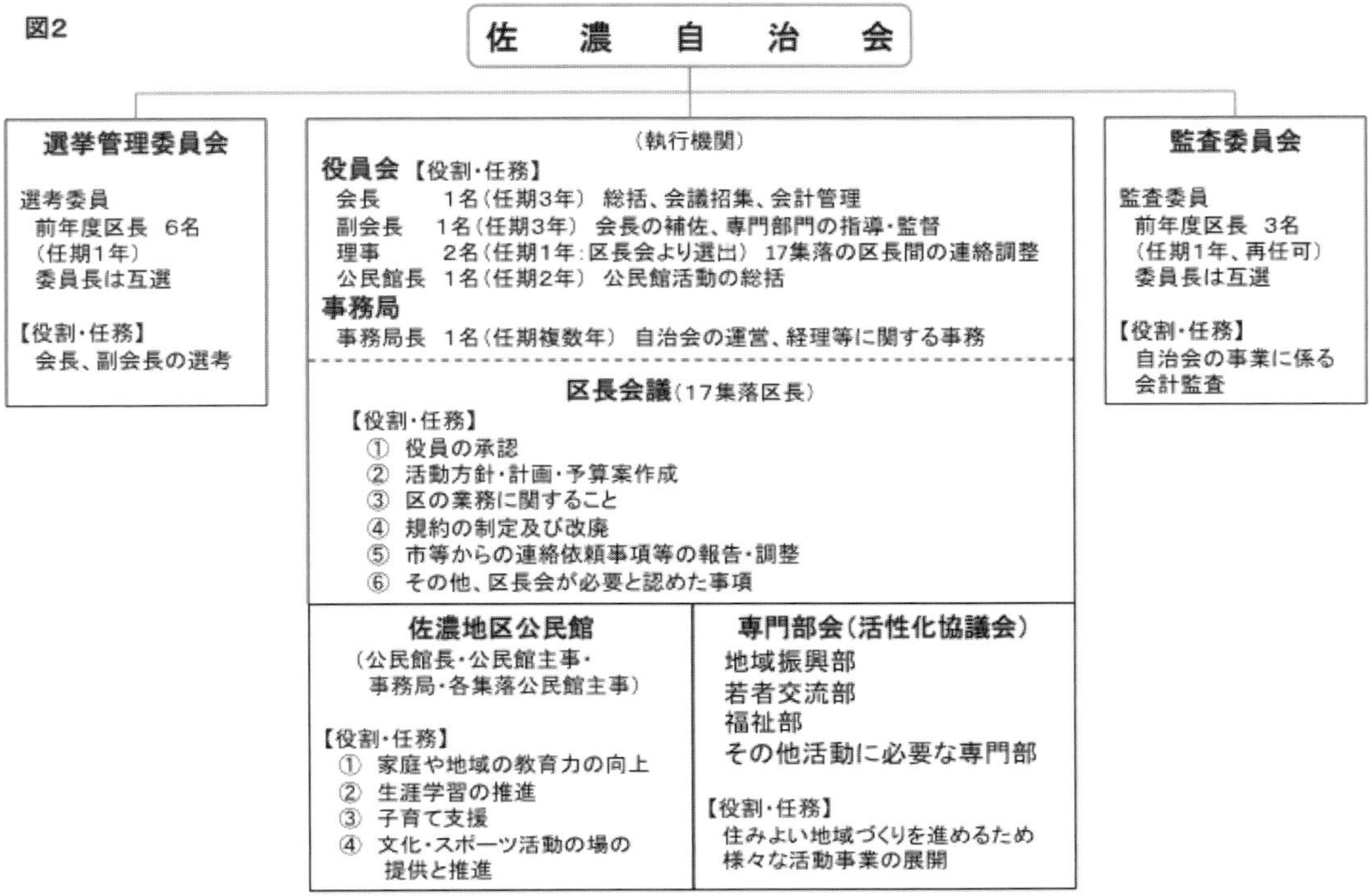
佐　濃　自　治　会
選挙管理委員会
選考委員
前年度区長　6名
（任期1年）
委員長は互選
【役割・任務】
会長、副会長の選考
（執行機関）
役員会【役割・任務】
会長　1名（任期3年）　総括、会議招集、会計管理
副会長　1名（任期3年）　会長の補佐、専門部門の指導・監督
理事　2名（任期1年：区長会より選出）　17集落の区長間の連絡調整
公民館長　1名（任期2年）　公民館活動の総括
事務局
事務局長　1名（任期複数年）　自治会の運営、経理等に関する事務
区長会議（17集落区長）
【役割・任務】
① 役員の承認
② 活動方針・計画・予算案作成
③ 区の業務に関すること
④ 規約の制定及び改廃
⑤ 市等からの連絡依頼事項等の報告・調整
⑥ その他、区長会が必要と認めた事項
佐濃地区公民館
（公民館長・公民館主事・
事務局・各集落公民館主事）
【役割・任務】
① 家庭や地域の教育力の向上
② 生涯学習の推進
③ 子育て支援
④ 文化・スポーツ活動の場の
提供と推進
専門部会（活性化協議会）
地域振興部
若者交流部
福祉部
その他活動に必要な専門部
【役割・任務】
住みよい地域づくりを進めるため
様々な活動事業の展開
監査委員会
監査委員
前年度区長　3名
（任期1年、再任可）
委員長は互選
【役割・任務】
自治会の事業に係る
会計監査

京丹後市市民部市民協働課提供資料に筆者が加筆

おわりに

　久美浜町の活性化協議会や京丹後市のまちづくりの有効性を評価してきたが、その一方で地域まちづくり計画の策定状況をみると、[9] 久美浜町と大宮町以外の旧町では、地域まちづくり計画の策定に至っていない地域が多数存在している。提言書にも言及されているが、そうした地域においては、合併前からの地域づくりの経過や地域の特性も異なることから、久美浜町の「活性化協議会」などの取組をそのまま導入することはできないが、人口減少、少子・高齢化は、どの地域においても喫緊の課題である。地域住民の体力がある間に、そうした取組を参考にしつつ、地区ごとの将来的な人口推計や高齢化率の傾向等を共有し、住民一人ひとりが地域の将来について考え、行動に移していく必要があるだろう。

　京丹後市まちづくり委員会の２０１６年度の活動としては京都政策研究センター（ＫＰＩ）が９月に開催した連続自治体特別企画セミナー（ＫＰＩセミナー）『地域創生と住民主体のまちづくり～小規模多機能自治の最前線～』に、まちづくり委員会の委員９名が京丹後市職員とともに参加して雲南市の「小規模多機能自治」を事例研究している。その特徴として「協（総）働の仕組み（市民一人ひとりの力を発揮する仕組み・自治の原点を取り戻す仕組み・参加だけでなく、参画につながる仕組み）」「自治体内分権の仕組み（全域対象）」「人口減・少子高齢化にも対応する仕組み」が紹介されているが、今後、市長に提言された提言書をもとに、住民と行政が協働して、そうした特徴を有する地域運営組織が「住民発ボトムアップ型」の仕組みとして市全域に「水平展開」されることを目指していくことになるのだろう。

　今後、そうした地域運営組織が他市町村では、どのように「水平展開」していくのだろうか。昭和の大合併以前の旧村単位で考えるなら、全国で約1万団体の地域運営組織ができる可能性があるとも言える。その当面の目標が、「はじめに」で紹介した重要業績評価指標３０００団体ということと理解すべきだろうか。そうした動きが全国の市町村に波及していくと雲南市等の特徴である「地域内分権」への動きに発展し、市町村や都道府県の団体自治のあり方も問われることになるだろう。地方自治の両輪である住民自治と団体自治の両面からその動向を見守っていきたい。

1　「まち・ひと・しごと創生総合戦略（２０１５改訂版）」において、「持続可能な地域をつくるため、「地域デザイン」（今後もその集落で暮らすために必要な、自ら動くための見取り図）に基づき、地域住民自らが主体となって、地域住民や地元事業体の話し合いの下、それぞれの役割を明確にしながら、生活サービスの提供や域外からの収入確保などの地域課題の解決に向けた事業等について、多機能型の取組を持続的に行うための組織」と記載している。

2　その後のコミュニティ政策は、「コミュニティ推進地区設定要綱」（１９８３年）により、モデル・コミュニティ指定地区以外の都市部と周辺地区の指定、「コミュニティ活動活性化地区設定施策」（１９９０年）では、モデル・コミュニティ指定地区・コミュニティ推進地区以外の都市部等に偏らない地区の指定、と対象地区の拡大していくことになる。また、１９９３年以降は、これまでのコミュニティ政策対象地域と対象外地域との不公平感を解消するため、全市町村を対象に拡大されていくことになる。

3　「『平成の合併』について」（総務省　２０１０年３月）

4　旧丹後六町合併協議会で「合併で住民の意見が行政に届きにくくなる」との懸念を解消しようと設置が決定した経過があり、２００４年10月に旧町ごとに「京丹後市地域振興協議会」が設置されることとなる。地域（旧町）に係る振興施策、教育振興等に係る事項を協議し、市長に対して提言がなされている。その地域振興協議会を引き継ぎ、市民の市政への参加を促し、市民と行政との協働による地域の振興発展に資することを目的に２００７年４月に設置されるのが、「京丹後市地域まちづくり協議会」である。２年間の協議を経て旧町ごとの活性化策を市長に提言することで、その役割を終えることとなる。

5　２０１６年度のまちづくり委員会では、市長から人口が減少する現実を直視し、持続可能な地域をつくるための地域運営のしくみづくりについての調査研究が求められることとなる。同年12月には委員会から「持続可能な地域づくりに向けての提言書」が市長に提出される。その提言書では、「既に旧村や旧小学校区を単位とした地域運営組織の事例として網野町域の連合区、久美浜町域の活性化協議会があるほか、近年では大宮町域における里力再生協議会のような新しい地域運営組織も誕生しています。」「当面は、前述の既存組織の機能強化を図るとともに、概ね旧村、旧小学校区の範囲を規模とする小規模多機能自治組織の設立を全市的に拡大していくことが適当」としている。

6　久美浜町誌（久美浜町、１９７５年）７２４―７２５頁。

7　京丹後市内の自治区（地区＝地縁団体＝地域コミュニティ）は２２５集落で、内訳としては、峰山町37、大宮町16、網野町46、丹後町31、弥栄町24、久美浜町71となっている。

8　「地域の課題解決を目指す地域運営組織―その量的拡大と質的向上に向けて―最終報告」（地域の課題解決のための地域運営組織に関する有識者会議、２０１６年）４―５頁。

9　策定状況は、峰山町　１区、大宮町　15区、網野町　３区、丹後町、３区、弥栄町　１区、久美浜町　13区（２０１６年７月現在）

参考文献

IIHOE『ソシオ・マネジメント』vol.3、2016年。
今川晃『地方自治を問いなおす』法律文化社、2014年。
小田切徳美『農山村再生「限界集落」問題を超えて』岩波ブックレット、2009年。

京丹後市ホームページ（https://www.city.kyotango.lg.jp/）（2016年12月27日閲覧）。

久美浜町活性化連絡協議会ホームページ（http://kyotango.gr.jp/kumihama/kasseikakyougikai/）（2016年12月27日閲覧）。

倉沢進『自治体・住民・地域社会』日本放送出版協会、2002年。

（財）地域活性化センター『自立と協働によるまちづくり読本』ぎょうせい、2004年。

簗山崇・桂明宏『ふつうのむらが動くとき　地域再生への道を探る』クリエイツかもがわ、2009年。

中川幾郎『コミュニティ再生のための地域自治のしくみと実践』学芸出版社、2011年。

羽貝正美『自治と参加・協働　ローカル・ガバナンスの再構築』学芸出版社、2007年。

謝辞

本稿の執筆にあたっては、京丹後市市民部市民協働課長 月岡良子氏、市民部理事兼久美浜市民局長 松本哲朗氏、地域にぎわい創り推進員 瀬尾求氏に多大な協力をいただきました。厚くお礼申し上げます。

おわりに

小沢　修司（京都府立大学副学長・公共政策学部教授）

「みんな」でつくる地域の未来。本書のタイトルに込められた意味について二つの点で共有させていただきたい。

一つは「みんな」とは誰かということである。いうまでもなく地域づくりなり地域の活性化なり、地域の未来をつくっていく主体はその地域に住み暮らしを営む住民である。ところが、第2章で見てきたように自治体における担当課の職員と、一部の住民や有識者が審議会に加わる形で行政の地域施策や計画がつくられる場合が往々にしてあり、これに対して佐川町の総合計画づくりは住民の「みんな」の参画を得る工夫を行うことで、わが町の未来は私たちがつくるという住民の意欲や主体の形成に大きく寄与する成果をあげている。アメリカの事例であるが、第1章では衰退しつつあったチャタヌーガ市を繁栄と発展の町に奇跡の変貌を遂げたのも住民の力、とりわけ若者達であった。これら「みんな」の力の発揮は雲南市（第3章）であっても福知山市三和（第4章）であっても、京丹後市久美浜（第5章）であっても共通している。

ただ、住民の「みんな」の力を発揮して地域の未来をつくっていくためには「みんな」の力が発揮される器や仕組み、組織が必要となる。本書で注目したのは地域づくり、地域の担い手としての地域自主組織である。それぞれ地域における呼び名も地域協議会であったり振興協議会であったり小規模多機能自治組織であったり活性化協議会であったりと様々である。あえて共通の呼び名を付ける必要はない。それぞれの地域における固有の事情や歴史があり、名称だけではなく小学区単位で構成するのかそれとも中学校区単位で構成するのかを含めて多様性のあることを尊重したい。

とはいえ、それら地域自主組織と行政との関係性、地域自主組織を支える行政の役割については、行政の下請け機関とはならない、対等の関係であると絶えず確認している三和地域協議会（第4章）にあっては事務局常任体制を市が支えているなど、地域の実情に応じて多様なあり方があるとはいえ、共通して押さえておかなければならないこともある。また、佐川町で示されているように、「みんな」としての町民に加えて職員の関わりにおいてもスペシャリストを集めた担当課と課の枠を超えた横断的な職員コアメンバーの組織化など、地域をつくる主体としての町民を支える行政の役割での工夫も行われている。

「みんな」に加えてもう一つ共有しておきたいのは、「未来」である。三和地域協議会では「地域の未来に責任を持つ」というスタンスで活動を進めてきた（第3章）。チャタヌーガにしても佐川町にしても、町の未来の姿を見据えたビジョンや計画を「みんな」で策定している。とりわけ、第2章での指摘があるように、こうした未来を見据えたビジョン形成の手法はフューチャーデザインとして近年注目を集めてきている。フューチャーデザインを日本で提唱し普及に務めている西條辰義（『フューチャーデザイン：7世代先を見据えた社会』勁草書房、2015年）によるとこの手法は7世代先の将来世代になりきって（「仮想将来世代」）現代世代の者達と交渉・対話を行うことで重要な意思決定を行う手法だが、その着想はアメリカの先住民族であるイロクォイ族から得たという。つい目先のことにとらわれて物事を考えがちな私たちにとってこのような未来志向によるビジョン形成は目を見開かされる思いがある。

と同時に、イロクォイ族と聞いて思い出すのは、エンゲルスの『家族、私有財産および国家の起源』（1884年）である。エンゲルスはこの本の1884年初版の序文で「唯物論的な見解によれば、歴史を究極において規定する要因は、直接的な生命の生産と再生産とである。」という有名な唯物史観の定式化を行っている。即ち、「ある特定の歴史的時代に、ある特定の国の人間がそのもとで生活をいとなむ社会的諸制度は、二種類の生産によって、すなわち、一方では労働の、他方では家族の発展段階によって、制約される。」というのであるが[1]、この定式化にあたってエンゲルスやマルクスが依拠したのが、モルガンが発見したイロクォイ族の「家族」形態や社会諸制度であった（モルガン『古代社会』1877年）。モルガンが詳細に記したイロクォイ族の社会諸制度というのは、国家が成立する以前の地域コミュニティにおけるいわば共同業務の遂行のあり方であって、「共同の事務は今日よりずっと多いけれども、……（中略）……現代の広範複雑な行政機構の一片さえも必要ではない。決定するのは当事者たち」であるとして、エンゲルスは「いかにも子どもらしく単純であるにもかかわらず、この氏族制度は、なんと驚くべき制度であろう！」と感嘆の声をあげるのである[2]。

本書では、地域自主組織への注目について1970年代のコミュニティ政策から解き起こしているが（第5章）、フューチャーデザイン志向が投げかけているものは、地域コミュニティにおける自治のあり方を原始時代のいわば共同体における共同業務のあり方からの非常に長い歴史的スパンで考えることの必要性なのであろう。もちろん、エンゲルスが解明したようにイロクォイ族における共同業務遂行のあり方は、そののち労働の発展により私有財産が発生し、国家形成のもとで性格を変えられていくことになるのはいうまでもない。

したがって、今日の「福祉国家から福祉社会へ」や「ガバメントからガバナンスへ」という文脈とも共鳴しながら地方分権化（国と地方の関係）を一歩進めた地域内分権のあり方として「みんな」による地域づくりや地域自主組織のあり方を考えるとき、イロクォイ族における共同業務遂行のあり方を「直輸入」することは、もとよりできるものではない。時代や社会の変化を踏まえた慎重な検討が必要となる。

だが、「『みんな』でつくる地域の未来」は、なんと心躍らせられる壮大な歴史的営為なのであろうか！

1　エンゲルス「家族、私有財産および国家の起源」『マルクス・エンゲルス全集第21巻』大月書店、1971年、27頁。
2　同上書．99頁。

《資料》　京都政策研究センター概要

京都政策研究センターは、京都府立大学の政策シンクタンクとして２００９年９月に設立されました。学内の人材のみならず、行政職員、ＮＰＯ、他大学教員などと協働して、地域の諸課題に関する調査・研究・提言を行うとともに、それらを通じて地域人材の育成・支援を行う機関です。なお、２０１７年４月より、京都政策研究センターは、発展的に「京都地域未来創造センター」として新たなスタートを切る予定です。

２０１６年度事業内容

政策提言活動

毎年京都府からの提案を受け、受託研究を実施しています。この受託研究は、京都府の重要政策課題を対象に「ワーキング・グループ」を京都府等行政関係者とともに設置します。京都府との協働により、各施策現場での実態調査、分析・評価、政策提言等を実施するとともに、地域の課題解決に貢献するための、専門的支援を行うものです。

○子どもの貧困対策の推進に関する調査研究
○子育てピアサポーターの活用に関する調査研究
○文化資源の効果的活用・発信による広域文化観光モデルの形成に関する調査研究

調査・研究活動

地方自治体等からの委託を受け、依頼者と共に調査・研究を実施しています。

○公益財団法人　京都府市町村振興協会
　平成28年度京都府市町村振興協会共同研修海外行政調査研究プログラム研修業務
○久多自治振興会
　「久多の夢を語る会」ワークショップ運営委託業務
○伊根町
　伊根町若人町民１００人ミーティング事業に関する企画・助言業務
○久御山町
　「ものづくりの苗処」事業（インターンシップ事業）委託業務
○南丹市
　平成28年度南丹市胡麻地域小さな拠点事業形成委託業務
　平成28年度南丹市総合振興計画に係る外部評価事業委託業務

その他、京都府立大学「地域貢献型特別研究」、京都府公立大学法人「地域関連課題等研究支援費」を財源とした調査研究を実施。

教育・研修活動

KPIセミナー（連続自治体特別企画セミナー）・下鴨サロン

自治体職員・議員、研究者、学生等を対象に、幅広い視野から地方自治に関する知識の習得と政策形成能力の向上を図るため、自治体の事例などを基に学識者と自治体等の実務経験者を招聘し、開催しているものです。その他、教育・研修活動の一環として、京都府との協働で、教員と府職員による「肩書きを外し、既存の政策の枠組みにとらわれないざっくばらんな政策議論の場」として「下鴨サロン」を隔月で開催しています。

【2016年度KPIセミナー実績】

第1回　女性活躍は誰のため？何のため？～地域を元気にする仕事づくり・人づくり～
　講師：藤野 敦子 氏（京都産業大学経済学部教授）
　　：兼子 佳恵 氏（NPO法人石巻復興支援ネットワーク代表理事）
　　＊株式会社日本経済研究所と共催

第2回　地域創生と住民主体のまちづくり～小規模多機能自治の最前線～
　講師：川北　秀人 氏（IIHOE［人と組織と地球のための国際研究所］代表）
　　：板持　周治 氏（島根県雲南市役所政策企画部地域振興課 主査）
　　：前田　幸輔 氏（株式会社日本経済研究所 地域本部 主任研究員）

第3回　フューチャー・デザインと地域創生～7世代先から自治体政策を考える～
　＊高知工科大学フューチャーデザイン研究センターと共催

講師：西條　辰義氏（高知工科大学フューチャー・デザイン研究センター 教授）
　　：吉岡　律司氏（岩手県矢巾町企画財政課 課長補佐兼政策推進室長補佐）

第４回　共生社会に向けての地方自治の展開
　　＊公共政策学部との共催
　講師：山田　啓二氏（京都府知事）
　　：増田　寛也氏（京都府立大学客員教授、元総務大臣）

広報活動

［京都府立大学京都政策研究センターブックレット］

1『地域貢献としての「大学発シンクタンク」 京都政策研究センター（ＫＰＩ）の挑戦』 1,000円（税別）
2『もうひとつの「自治体行革」 住民満足度向上へつなげる』 1,000円（税別）
3『地域力再生とプロボノ　行政におけるプロボノ活用の最前線』 1,000円（税別）
4『地域創生の最前線　地方創生から地域創生へ』 1,000円（税別）

○ニュースレター（隔月発行）▶ホームページに掲載しています。
○メールマガジン　▶ご希望の方は、kpiinfo@kpu.ac.jp までご一報ください。

その他

【２０１６年度】

○共催事業　一般財団法人地域活性化センターとの共催　平成28年度第8回地方創生実践塾
　京都府綾部市「地域資源を最大限生かした企業・ＮＰＯ・市民・行政協働のまちづくり」

○共催事業　文化庁文化芸術都市振興室との共催
　第15回 クリエイティブ Café「文化庁移転とこれからの文化政策」（京都府立大学）
　第17回 クリエイティブ Café「もっと楽しもう 食と町なみ」（京都府伊根町）

事務局構成メンバー

センター長　青山公三（京都政策研究センター長）
　勝山　享（公共政策学部准教授／京都府からの派遣教員）
　宮藤久士（生命環境科学研究科教授）
　鈴木暁子（センター上席研究員）
　長谷川里奈（センター研究員）
　小沢修司（副学長・公共政策学部教授）
　川勝健志（同准教授）
　杉岡秀紀（センター特任准教授）
　河西聖子（センター主任研究員／精華町派遣）
　永田恵理子（センター 嘱託研究員）

京都政策研究センターブックレット No. 5
「みんな」でつくる地域の未来

2017 年 3 月 22 日　初版発行

編　著　京都府立大学京都政策研究センター
〒 606-8522　京都市左京区下鴨半木町 1-5
TEL 075-703-5319　FAX 075-703-5319
e-mail: kpiinfo@kpu.ac.jp
http://www.kpu.ac.jp/
発行人　武内英晴
発行所　公人の友社
〒 112-0002　東京都文京区小石川 5-26-8
TEL 03-3811-5701　FAX 03-3811-5795
e-mail: info@koujinnotomo.com
http://koujinnotomo.com/
印刷所　倉敷印刷株式会社

ISBN978-4-87555-697-8